인경스님의 포토 명상시

순례자의 은빛나무

시와 사진 | 인경스님

명상상담연구원

인경스님의 **포토**명상시

순례자의 은빛나무

초판 1쇄 인쇄 | 2018년 3월 28일
초판 1쇄 발행 | 2018년 4월 9일

글 · 사진 | 인경
펴낸이 | 김형록
펴낸곳 | 명상상담연구원

주소 | 서울시 성북구 보문로 35길 39(삼선동 4가 57)
목우선원 명상상담평생교육원
전화 | (02) 2236-5306
홈페이지 | www.medicoun.com http://cafe.daum.net/medicoun
출판등록 | 제 211-90-28934호

가격 18,000원

ISBN 978-89-94906-25-6 03810

이 도서의 국립중앙도서관 출판예정도서목록(CIP)은 서지정보유통지원시스템 홈페이지(http://seoji.nl.go.kr)와 국가자료공동목록시스템(http://www.nl.go.kr/kolisnet)에서 이용하실 수 있습니다.(CIP제어번호: CIP2018010446)

머리말

우리는 무엇을 찾아서
이 산과 저 산을,
이 도시와 저 도시를 떠돌면서,
순례의 길을 걷는 것일까요?
누구를 위해, 무엇을 구하면서,
또 어디로 가는 것일까요?

봄/여름/가을/겨울
순수하고 맑고 자연스런
세상에 없는 다섯 번째 계절,

일상의 자기를 초월하여
스스로의 본성이 그대로 온통 드러난
반복되어온 순환이 잠깐 멈춘, 그 결정적 그 순간
순례의 길에서,

다시 뵙기를 희망하면서
당신을 초대합니다.

추천의 글

백성호
중앙일보 종교담당 기자
『현문우답』의 저자

이 책은 '구도기'다.
인간의 삶, 그 심연의 바닥을 향해 걸어가는 구도기다.

그 길의 풍경은 아름답다. 기와집의 담장 너머에는 개나리가 피어나고, 강가에는 안개가 자욱하다. 막 망울을 터뜨리려는 꽃과 그 망울 끝에서 톡톡 떨어지는 빗방울이 담겨 있다. 저자는 그 속을 헤쳐서 한 걸음씩 발을 뗀다. 마치 삶이라는 길, 그 순례의 길에서 우리가 발을 떼듯이 말이다.

그래서 이 책을 읽는 동안 우리는 자신도 모르게 '구도의 여정'에 동참하게 된다. 한 컷에 담아낸 네모난 우주는 단지 평면의 사진이 아니다. 그 속에도 길이 있다. 우리가 사유하고, 궁리하고, 사유하고, 궁리하며 들어갈 수 있게끔 3차원의 오솔길이 나 있다.

그 오솔길 위로 시(詩)가 뚝뚝 떨어진다. 봄비 그친 날, 처마 끝에서 떨어지는 빗방울처럼 읽는 이의 가슴을 적신다. 그렇게 떨어지는 시어(詩語)들이 참 각별하다. 거기에는 어김없이 '물음'이 담겨 있다. 구도자의 물음이다. 본질적인 물음이다. 그래서 그 물음의 유효기간이 짧지 않다. 깊고 또 길다.

누구나 자신의 삶에서 한 번씩 던져봤을, 바쁜 일상에 치여서 지금은 잊고 있을지도 모를, 그래도 언젠가 다시 돌아가리라 다짐하는 물음들. 저자는 그런 물음들을 시(詩)로 빚어낸다.

가령 이런 식이다. 책의 머리말에서 저자는 삶을 '순례의 길'에 빗댄다. 그리고 이렇게 묻는다.

> '우리는 무엇을 찾아서/
> 이 산과 저 산을/
> 이 도시와 저 도시를 떠돌면서/
> 순례의 길을 걷는 것일까?'

'무엇을 찾아서?'라는 물음에 방점이 찍힌다. 삶의 근원적 물음이다.
이런 물음은 시 '너는 누구냐'로 곧장 이어진다.

'꽃이여/텅 빈 종이 위에서/
이름은 단지 흔적일 뿐/
너의 영혼이 아니다'
('너는 누구냐' 중에서)

시인 김춘수는 '꽃'이라는 시에서 '누가 나의 이름을 불러다오/그에게로 가서 나도/그의 꽃이 되고 싶다'고 노래했다. 그런데 저자는 다르다.
우리가 사는 이 세상이 '텅 빈 종이'일 따름이며, 그 위에서 피어나는 꽃의 이름도 '단지 흔적일 뿐'이며, 나의 영혼이 아니라고 일갈한다. 그러면서 물음을 던진다.

'가랑비 쏟아지는 코끝 면전에서/
달빛으로 피어나는 너는/너는 누구냐.'
('너는 누구냐' 중에서)

저자의 시는 단순한 노래가 아니다. 그 노래에는 '간절한 물음'이 담겨 있다. 그래서 우리가 이 노래를 읽다 보면, 따라서 부르다 보면, 오랜 세월 잊고 살았던 '삶의 물음'들이 바스락거리며 내 안에서 고개를 내민다. 마치 '실핏줄의 작은 날개 퍼덕거리며'('너는 누구냐' 중에서) 피어나는 꽃처럼 말이다.

삶의 물음을 따라가다 보면 우리는 필연적으로 '나의 상처'와 맞닥뜨린다. 상처가 풀릴 때 물음 또한 풀리기 때문이다. 저자가 걷는 순례의 길에서 물음은 이제 삶으로, 다시 삶에 박힌 상처로 이어진다. 저자는 시 '트라우마'에서 우리가 상처와 마주하는 풍경을 이렇게 노래한다.

추천의 글

백성호
중앙일보 종교담당 기자
『현문우답』의 저자

'접촉과 분리/존재의 경계선에서/다들 아픈 추억을 하나씩 가지고 왔다.
이 슬픔은/어디서 올까.
꿈속까지/근원을 알 수 없는 외로움들/젖은 어깨를 서로 움켜잡고/
그날 너는/너무 아파서 울 수도 없었다.'

구도의 길은 '아픔의 문지방'을 지나간다. 누구는 거기에 걸려서 넘어지고, 또 넘어진 누구는 한참이나 울다가 문지방을 넘어간다. 짧게 보면 '아픔의 길'이고, 길게 보면 '치유의 길'이다. 저자의 시에는 그런 상처와 치유의 과정이 오롯이 담겨 있다.

'길고 긴 세월/몇 번이나/피었다가 졌던가
나의 꽃이여
……
어둠이 내리면 널 만나러간다/
붉은 커튼 뒤로 맑고 청정한/
피할 수 없는 내 정신의 하얀 속살이여.'
('직면'중에서)

숱하게 피고 지는 '상처'속에서 저자는 오히려 '내 정신의 하얀 속살'을 만난다. 자신의 상처를 헤집는 일. 쉽지 않다. 누구라도 버겁다. 용기가 필요한 일이다. 그래도 저자는 그 과정을 노래한다. 그리고 이 시에 '직면'이라는 제목을 달아 놓았다. 그러니 그의 시는 시의 울타리에만 머물지 않는다.
왜 그럴까. 상처와 치유에 대한 작동원리, 그 명징한 이치를 담고 있기 때문이다.

시 '결정적 장면'에서 저자는 나지막하게 속삭인다.

'푸른 밤이면/가슴뼈 안으로 비집고 들어가/
창틀에 기대어 미소 짓는/그리운 달빛아.
누가 너를 묶어놓았단 말인가/이미 넌 자유로운데/
이제 그만 걸어 나오라.'

'이미 넌 자유로운데'라는 말은 단순한 위로가 아니다.
"괜찮을 거야"라며 어깨 몇 번 두드리고 가볍게 지나가는 식이 아니다. 저자가 내미는 위로는 이치를 머금고 있다. 훨씬 본질적이고 근원적이다. 그래서 그의 위로는 독자로 하여금 사유하게 한다. 그 사유의 과정이 또한 치유의 과정으로 작동한다.

나는 시인에게 두 개의 눈이 필요하다고 믿는다.
하나는 감수성이고, 또 하나는 통찰이다. 남들이 보지 못하는 것을 뚫는 눈과 그것을 노래하는 남다른 가슴이다. 『순례자의 은빛나무』에는 두 눈을 가진 강물이 흐른다.
책장을 하나씩 넘길 때마다 그 강물 소리가 들린다.
때로는 잔잔하고, 때로는 몰아치고, 때로는 침묵한다. 그래도 물소리가 그친 적은 없다. 저자의 눈을 통해 풀어내는 '통찰의 물줄기'가 시집 전체를 관통하며 흐르기 때문이다.

나는 저자의 시가 '선시(禪詩)'라고 본다. 한자로 읊어대는 옛맛이 아니다.
요즘의 언어, 요즘의 감성, 요즘의 화두로 풀어내는 '요즘의 맛'이다.
그래서 쉽게 읽히고,
독자의 가슴도 쉽게 포개진다.

추천의 글

주기중
사진가
(전) 중앙일보 사진부장

순수한 현존, 깨달음의 순간

사진은 시간을 다루는 매체입니다.
사진은 현실 속 시공간의 한 단면을 베어내는 순간의 미학입니다.
사진가는 피사체와 마주하며 직관적으로 셔터를 누릅니다.
브레송은 이를 '결정적인 순간'이라고 말합니다.

우리는 살면서 사물 · 풍경 · 인물 같은 무수히 많은 대상과 만납니다. 사진은 대상과 철학적으로 교감하고, 창의적인 시각으로 그 느낌을 표현하는 일입니다. 중요한 것은 피사체와의 교감입니다. 교감이 없는 사진은 기계적인 카피일 뿐 사진이 아닙니다. 생명이 없는 빈 껍데기일 뿐입니다. 교감은 사진의 시작이자 끝입니다.

인경스님에게 카메라는 구도의 도구입니다.
〈순례자의 은빛 나무〉라는 제목에서 보듯이 세상에 존재하는 모든 것들과 이야기를 나무며 글로, 사진으로 이를 기록합니다.

구도의 길은 힘들고 지난한 과정입니다. 그는 카메라를 '사각의 형틀' 이라고 말합니다. 그의 사진은 쉽게 찍은 것처럼 보이지만 고통스러운 깨달음의 과정이 담겨 있습니다. 오랜 사유와 명상의 시간이 서려있습니다.

사진의 소재는 하늘, 땅, 산, 바다, 꽃, 나무, 풀, 새, 곤충 등 자연입니다. 일상에서 흔히 만나는 소소한 대상과 교감하며 우주의 질서, 자연의 섭리를 깨닫습니다. 존재론적인 재발견을 시와 사진으로 승화시킵니다.

"너는 무엇을 보았는가?/
저녁 햇살의 들오리 떼가/
자맥질하다 무의식의 강물 속에서/ 문득 날아오른다./
눈발의 물결을 내뿜으며/ 순간순간 생멸하는 날개 짓을 따라/
느낌의 라인라이트를 따라/온 몸의 경계선을 흘러내리면서/
넌 운명적으로 외눈박이 관찰자가 된다./
호흡으로 돌아온다./
숨을 멈추고 다시 셔터를 누른다./들여다본다./
아, 순수한 현존이여 /
필연적 우연이여./
그곳 어디에도 너는 없다."

인경스님은 불가에 몸을 담고 있습니다.
역사적으로 불교는 우리의 정신세계를 살찌게 했습니다. 특히 불교의 선은 명상수련을 통해 마음을 다스리는 것을 중시합니다. 인경스님의 시와 사진에는 깊고 그윽한 선의 세계가 담겨있습니다.

화려하지도, 기교를 부리지도 않습니다. 가르치려 들지 않습니다. 그저 보여만 줍니다. 소박하고 평범하지만 세상을 밝게 비추는 힘이 있습니다. 상처를 어루만지고, 고통을 삭혀줍니다. 소소한 일상에서 깨달음의 카타르시스를 느끼게 해 줍니다.
그의 사진은 보통사람도 쉽게 다가갈 수 있는 법어가 됩니다.

봄입니다. 하늘로 날아 오르는 새를 봅니다.
빙그레, 염화미소를 짓습니다.
결정적인 순간입니다.

차 례

3

장마전선,

바람의 날개

4

결정적 장면,

사진 찍기

5

폭설,

순례자의 은빛 나무

차례

1

만남,

너는 누구냐

만남

너를 만났다.
며칠 전 문득 산책을 하다가
그날 비가 왔지만,
햇살처럼 빛나는 너를.

기와 담장 너머로
어둠 속에서 부끄러워하면서도
본래의 얼굴
노랗게 다 드러낸 너를.

오늘
다시 만날 것을 생각하니,
짧은 생을 마감할
푸르고 파란 가슴이 벅차다.

너는 누구냐

꽃이여.
텅 빈 종이 위에서
이름은 단지 흔적일 뿐,
너의 영혼이 아니다.

새 발자국 소리도
들리지 않는 깊은 안개 속,
푸른 빛 기억속의 잎사귀들 뒤척이며
감각의 몸 느낌을 따라 줄기 줄기마다
실핏줄의 작은 날개 퍼덕거리며

이제 누각의 옛 길을 따라
가랑비 쏟아지는 코끝 면전에서
달빛으로 피어나는 너는
너는 누구냐.

유식唯識

멈추다 가고
가다가 멈추길 반복하면서
버스를 타고
잠에서 깨어나니
강물 위로 벚꽃이 피어있다.

길을 따라 풍광이 바뀔 때마다
핸드폰을 꺼내
여기저기 사진을 찍는 소리가 들린다.
무엇을 보았을까?

그래,
그건 바로 나의 일부이다.
저기 밖에 존재하지만,
텅 빈 공허한 자신의 벽에 걸어둘
바로 자신이
창조한 자기의 이미지들이다.

어둠 속에서
푸드덕거리며 짙푸른 섬진강에
다시 눈발이 날린다.

독백

하늘 지붕의 창문
새벽부터 나뭇가지 따라 감고 올라간
푸른 종소리여.

안개의 수면 아래로
걸음걸음 내달리며
저녁 날엔
하얗게 부서지는 소낙비여.

이제 그만 멈추어라.
갈수록 밖으로만 향한 안타까운 열정아.

긴긴 세월
아득히 새소리 묻어나는
달빛의 강둑에서
다행히 너를 만났으니,

이제 그만 돌아오라.
지금 여기로.

숨을 멈추고
휘몰아치는 불꽃 속에서 깨어나는
허리 곧게 세운
변함없는 나의 영혼아.

은거

가던 샛길에서
산비둘기.
오직 하나의 헌신만이 있어
대나무 숲을 날아오른다.

막다른 길목
시린 문빗장 걸어 잠그고
온 산을 붉게 물든 너는,

저녁 햇살 아래
산 그림자 속으로 걸어 들어가

이제 수면을 깊게 응시하면서
안으로 안으로 흐르는
냇물의 달빛을 만난다.

성찰

그 날 아침
안개 낀 날,
그때 무엇을 보았던가.

홀로 선 나무 아래
바람은 파도의 머리칼을 뒤흔들고
절벽에서 무너져 내릴 때,

밀려오는 거친 숨결 위로
흩어지며 쏟아지는 안개,
안개꽃들 사이로

산언덕 아래
그때
시작도 없이 잔잔하게 흐르는 것.
아직도 녹지 않는
지난 눈발의 조약돌 속에서,

비삐롱
날라 올라
먼 수평선 위로 사라지는
도요새의 군무들 사이로 빛나는 것.

그날 아침
그때 너는 무엇을 보았던가.
절벽의 끝
나무에 앉아서.

인가

꽃잎의 햇살이
고요한 수면 위를
뚫고 지나간다.

뜰 앞
아찔한 라일락 향기가
코속으로 따라 들어오고,

가슴에서
파랑새가 날아오른다.

전승

손가락 끝이 아프다.
어제 밤 엄지의 관절 사이로
별과 꽃과 나비들이 태어났다.

얼어붙은 새벽
코를 비벼대는 창틀의 옆구리에서
아직도 눈발이 떨어져 내린다.

옛 대대로 계승 되어온
산 아래 마을
낡은 아궁이 불꽃 속으로.

미소

달이 떠오른다.
호수의
잔물결을 따라

허리를 펴고 앉은
코끝을 따라서
눈 덮인 산 정상까지

조용한 미소가
번져나간다.

스승이시여

스승이시여.
하늘과 땅을 뒤덮고
폭설이 찾아왔습니다.

산새 한 마리 날아올라

동네 어귀 개울가에 우뚝 선
나뭇가지 깃털마다
수많은 흰 꽃으로 피어났습니다.

스님,
어찌하여 거짓된 나, 참된 나를 구분하시옵니까?
달빛 아래 가득히 일어나는
지금여기

다음 말을 내뱉는 순간
깊은 심연으로 떨어집니다.

2

낙화,
꽃의 새로운 탄생

탄생

퍼렇게
멍든 물결 사이로
심해지는 통증이 더욱 꿈틀거린다

아랫배를 움켜잡고 웅크리고 앉아
해결되지 않는 채로
서로 뒤엉킨 채로

여기저기
딱딱한 살갗을 뚫고 넘쳐나는
파도의 거친 숨결.

벽돌 담벽
나뭇가지 마디마디 반짝이는
은밀한 꽃잎들을
숨죽여 뒤흔들고 있다.

속살

한낮엔
투명해진 꽃잎들이
반짝이는 나뭇가지 햇살 속으로
스며들었다.

저녁 날이면
잠들지 못한 창백한 강물마다
별들이 돋아났다.

낙화

바람이 불면서
벚꽃 하나가
골짜기 냇물에 떨어지자,

온 하늘이 컴컴해지면서
벼락이 전율한다.

산에서 산으로
마을과 마을을 지나

지금 여기
간신히 딛고 선 발밑까지
하얗게.

현기증

감각의 줄기마다
허공에 아찔하게 매달린 나는
한 때 찬란했다.

눈부신 햇살도 쏟아내고
도시의 거리를 사랑스러움으로 뒤덮었다.
그러던 어느 날
푸르고 푸른 어느 주말에
난 무참히 무너졌다.
알 수 없는 현기증이 코끝에서 불어오면서
온 대지로 낮게 아주 낮게 뒹굴었다.
그러다가 산모퉁이 시냇가
돌 꽃으로 다시 태어났다.

도대체 어디서 멈출 수가 있을까.
조그만 잔물결에도
관절 마디마디 아파하면서
흘러가는 나는.

트라우마

그랬다.
돌개바람이 불던 어느 날 밤,
허공을 떠돌던
냇물의 꽃잎은 흐르고 흘러서
푸른 가슴으로 옹기종기 모여들었다.

접촉과 분리,
존재의 경계선에서
다들 아픈 추억을 하나씩 가지고 왔다.

이 슬픔은
어디서 올까.

꿈속까지
근원을 알 수 없는 외로움들.
젖은 어깨를 서로 움켜잡고
그날 너는,
너무 아파서 울 수도 없었다.

공감

오늘 아침에 일어나
다시 너를 본다.

철벽을 뚫고 나오는
온 몸이
끙끙거리는 새소리.
기억의 저쪽 언덕에서
더욱 빛나는 초록의 새싹이여.

긴긴 세월
그림자의 동굴 벽에 새겨진
태고의 내 모습을 보면서

어둠을 뚫고 지나온
기타줄 부서진 기다란 손끝이
지금도 아파오지만,

더듬거리며
너를 향한 멈출 수 없는
그리움을 더욱 그리워한다.

바람 속
얼굴 스치는 투명해진 햇살을.

직면

길고 긴 세월
몇 번이나
피었다가 졌던가.

나의 꽃이여.

어둠이 내리면 널 만나러간다.
붉은 커튼 뒤로
맑고 청정한
피할 수 없는 내 정신의 하얀 속살이여.

떠오르는 달과 함께
푸른 강물에
파묻힌 깊은 침묵 속으로.

노출

잠깐 멈추어라.
동네 언덕길을 따라
푸드덕거리는 너의 빛나는 녹색날개를
슬픈 그대로 그냥 두어라.

푸른 허공을 향한
터져나는 붉은 입술의 아픈 그리움도
빗속 투명하게 풀어헤친
너의 부끄러운 속살도 그대로.

그냥 지금 이대로 충분하지 않는가.
뼈 속까지 지미는 불안 같은
알 수 없는 그리움 그 자체로.

아승지겁
어둔 저편의 그림자로
구중궁궐의 법도에 갇힌 담장마다
줄줄이 고개를 내민,
능소의 꽃이여.

힘든 그대로
활짝 웃는 그대로.

역설

먼 하늘 끝까지
굽어진 산줄기마다
아찔하게 산불이 피어난다.

골짜기를 따라 불어오는
저녁 햇살의 독화살을 얻어맞고
비틀거리면서,

투명해진 실세포마다
절벽 아래로
산산이 부서져 내리면서,

시린 강물에
붉은 얼굴을 파묻고
새발자국의 긴파문을 남기면서,

번져나가는 노을.
온 몸으로
피어날수록 더욱 아픈 꽃이여.

오, 역설이여.
무슨 말을 할 수 있을까.

연등

지난 밤
그림자의 강물을 지나
투명한 피부의 유리잔에 담긴
붉은 포도주여.

문명의 문지방에서 무너지며
생겨난 상처를
산새들이 찾아와 다시 쪼아댄다.

봄비가 내리고,
흔들리는 나뭇가지 첼로의 활 끝마다
울고 앉아 있는
너의 눈빛을 바라보면서,

좁다란 샛길을 따라
걷고 또 걸으면서
마침내 나는,

높은 하늘에
역광으로
연등을 매달아 놓는다.

3

장마전선,

바람의 날개

장마전선

온 산을 적시며 흘러내린다.
통증 같은 전율이
발끝까지

숨죽인 골짜기마다
안개가 슬금슬금 기어오른다.
동네어귀 막다른 골목까지

북상하면서
꿈틀거리며 넘쳐나는
기억의 창문을
세차게 두드리며 다가오는
너의 거친 목소리.

허공을 가로지르는 푸른 나뭇잎마다
뿌리 채 휘어지고
뼈 속까지 흠뻑 젖어들며 지켜본다.
문지방에 앉은,
너의 성난 열정을.

온 도시를 뒤흔들며
아득히 떨어지는
뇌성소리.

표범나비

가느린 다리로도
그래, 넌 말이야.
혼자서도
부서진 장마전선의
계곡을 건널 수 있을 거야.

빗소리 떨어지는 나뭇잎마다
더욱 짙어지는 녹색의 어둠 속에서
골짜기를 따라 스며드는
안개의 슬프고 아픈 기억들
아득한 어린 시절의
온통 젖은 꽃밭을 따라

비틀거리면서도
넌 말이야.
무겁지만 가볍게
날아오를 수 있을 거야.
혼자서도

그래, 물에 젖지 않는
자랑스런 표범날개를 펼치고
깊고 깊은 침묵 속으로,

앞산
비속에서도
여전히 반짝이는 햇살 속으로.

가로등

깊은 밤이면
가로등은 깨어난다.
자지 못하는 빛의 손끝으로
바스락거리며 전해져온다.
너의 존재감이.

이 골목 저 골목
창문틈사이로
배반의 고개를 내미는
노랑 장미꽃이.

사춘기가 시작되던
그해 여름날 쏟아지는 빗줄기가
잔물결의 지붕을 두드리며
이 밤에 재발한다.

눈 뜬 강물마다
철렁거리며 걸어가는 등불의 행진곡,
가슴 떨리는 실존
흘러가는 도시의 현기증이.

이제 새벽이다.
잘 자라.
잠들지 못한 내 영혼아.

폭풍의 수채화

비속에서 누가 울고 있는가?
오, 어둠의 빛이여.
넌 내게 어떻게 왔는가?

창문을 여는 순간
지붕을 두드리는 셔터소리
바람 속으로 소낙비가 내달린다.

찰칵 찰칵
빨주노초파남보

조리개가 닫히는 그 순간
사방이 닫힌 아득한 암실에서
화면의 촛불이 흔들린다.

가슴에서 울어대는 태풍소리
창문이 들썩거리며
어둠의 거칠고 강한 햇살은

쏟아지는 비속을 뚫고

건너편 앞 건물 벽에 기억의 수채화를
걸어놓는다.
부드럽고 흐릿한 파스텔로 그린,

오, 빛이여.
나의 운명이여.

슬픈 날에는

도시의 네온사인 거리마다
비가 내린다.
슬픈 날에는 깊게 슬퍼하라.

세세생생
전승되어 온 너의 형벌을
기꺼이 감내하라.

다시 오지 않을
마지막 눈물을 흘려라.
존재의 흔적도 남기지 않을
가로수 낙엽이 다 끝날 때까지 걸어라.

온 몸이 다 젖어들 때까지
더 이상 슬픔에 물들지 않을 때까지.

지리산 뱀사골

먼 허공을 가로질러
길에서 길로
넘어지는 빨간 낙엽들은
웅덩이에 빠져들면서 꿈을 꾸었다.

깊게 어두운 샛길을 따라
고립과 소외의
아픈 실핏줄을 어루만지면서
신선의 가혹한 완벽함을.

멀리 천왕봉을 바라보며
여전히 절룩거리며 머뭇거리는 폭우는
마침내 공허감의 계곡으로 흘러들어
두근거리는 장마전선의 심장소리를 들으면서
죽음 같은 조약돌 속으로
그 달콤함으로 스며들었다.

천년의
길다란 윤회의 길목을 따라
미친 가슴으로도
숨도 쉬지 못한 채로
무너져 내리는 뱀사골의 짙은 안개는

새벽마다,
긴장된 등골마다,
결핍과 수치심의 감나무가 되어
허공에 주렁주렁
홍시를 매달아두었다.

*뱀사골: 신선이 되고자 했으나 반선이 되어
죽은 이무기의 골짜기

비상

날아올라라.
생각 생각을 끊어내고
새로 나온 연두 빛 날개여.

어둠의 하늘 속
짙은 안개의 몽롱함도 떨쳐내고,
끊임없이 일어나는
멈출 수 없는 폭풍을 뚫고,

어린 시절
바닷가 먼 마을을 지나
새벽의 깊은 꿈속까지
그대로 날아올라라.

느낌의 강물을 지켜보는
빨간 머리털의 눈빛이여.
반짝이는
긴 햇살의 날개여.

바람의 날개

높이 날아올라라.
도시 위로
숲 위로
빛나는 저 바다까지

정해진 길은 없다.
다만
지금여기 이뿐.

폭풍의 줄기마다
떨려오는 단절의 슬픔도
고기잡이배의 새하얀 불안감도

너의 몸을
그냥 지나가게 하라.

날갯죽지를 거칠게 흔들어대는
감각느낌의 손길
상승하는 새벽 햇살 아래
길게 조여 오는 갯벌의 그리움까지

아픈 그대로 날아올라라.
고독한
폭풍의 눈이여.

하늘을 지배하는 너는
어둠의 깊은 바다 속
은밀한 제비집까지 꿰뚫고 지나간다.

처음 그때
존재하는 그대로.

장마 끝나고

돌탑사이로
소낙비가 내리고
지난밤에 계곡물이 가득하다.

꿀꿀거리며
산에서 멧돼지가 내려와
마당을 어슬렁거린다.

방문을 열고 나가자
문득 눈빛이 마주쳤다.

어둠 속에서
반가운 별이 보인다.
맑게 빛나는.

스승이시여

가을날
청명한 하늘의 바람 따라
흘러가는 코스모스.

삼일암에
거꾸로 선 침묵의 뒷모습,
단지 이뿐인가요.

옆집 아애 일동이
저녁노을 다리 건너
소 몰고 집으로 돌아옵니다.

4

결정적 장면,

사진 찍기

반영

마침
그때 새가 지나갔다.
누군가가 외쳤다.

"반영을 찍어!"

수면 아래
내달리는 새의 날개를 보고
거기에 초점을 맞추려는 순간,
벌써 새는 지나가버렸다.

비가 멈춘
그때
고요해진 연꽃 사이로.

정지 화면

잠깐
가던 길 멈추자,
손가락 끝에서 푸른 햇살의 조리개가 찰칵
순간적으로 눈을 감았다 뜬다.

놀란 참새 무리가
정지 화면의 노을 속으로 뛰어들며,
떨어지는 낙엽이
깊은 개울물에 작은 흔적을 남긴다.

흑백의 그늘 속에서,
흔들리며 무너지는
파란 날개가 퍼드덕거린다.

산등선에 앉아
번져나가는 저녁 향기에 코를 만져대면서
너의 하늘을 들여다본다.

초롱초롱
빛나는 별빛을 따라서
집으로 돌아오는 길을 따라서.

두물머리

반바지 차림으로
쭉 늘어선 가로수의 새벽
비가 내린다.

산등성으로 번져나가는
안개구름을 따라가면서 렌즈의 뚜껑을 연다.
조리개를 조이는 넌
뜨거운 수면 위를 지나면서
운무로 다시 태어난다.

흘러온 물은
흐르는 물과 서로 만나서 둥둥 떠돌다
안개는 다시 안개 속으로 흘러
섬과 섬들 사이로
동쪽에서 서쪽으로, 서쪽에서 동쪽으로
부처와 중생이 뒤섞이면서

두물머리,
더 이상 어느 곳으로도 갈 곳이 없는
멈춰버린 느티나무 아래
마침내 셔터를 누른다.

멀리 창밖으로
여전히 바닥에 닿지 않는 안개 속에서
넌 이제 날아오르는 새가 된다.

결정적 장면

파도소리 들리는 먼 바닷가,
허공 끝에서
늘 자유로운 너를
누가 사각 형틀에 가두었는가.

애쓴 보람도 없이
스스로 내던져진 채로
렌즈를 통해서만 만나는
내 영혼아.

푸른 밤이면
가슴뼈 안으로 비집고 들어가
창틀에 기대어 미소 짓는
그리운 달빛아.

누가 너를 묶여놓았단 말인가.
이미 넌 자유로운데,
이제 그만 걸어 나오라.

여행 모자를 벗고
아파트 창문마다 등불이 켜지는 그때.
거친 바다의 숨결이 멈춘
바로 그때.

*탁기형 사진작가의 사진에 비친
필자의 반영을 찍었음.
탁기형 작가님께 감사의 말씀을 올린다.

빛의 마야

너는 항상 움직임에 있다.
철도길 옆 산책길에서
푸른 하늘 비틀비틀 떨어지는 낙엽도
생각을 멈춘 적이 없다.

내게 있어
세계는 항상 정지되어 있다.
모든 움직임이
숨을 멈춘다.

날아오르는
꽃잎에 앉은 나비의 날갯짓도
쏟아지는 여름날의 빗방울도
빠른 스피드로 허공에 걸려있다.

매 순간순간
재빠르게 움직이는 너를
나는 놓친다.
만날 수가 없다. 그냥 지나간다.
절망한다.

잡았다고 하는 순간도
초록 손가락 사이로 빠져나가는 빛의
마야일 뿐,
행복감을 느끼거나 혹은 슬퍼하거나
그 앞에 외눈박이 단독자로서
우뚝 멈추어선 나는

끝내 시린 눈을 감는다.
스스로 웅덩이에 가두어둔,
의식의 모든 영상 파일을 지우면서.

잠자리

가을날
어느 숲길에서
아직도 따가운 햇살아래

움직이는 조리개의
조인 나뭇가지 끝에 앉아
깊게 선정에 든 너를.

마주 한다.
거미줄에 걸리지 않는 침묵으로
호흡을 멈추고,

저 멀리
텅 빈 흐릿한 바닷가를 배경으로
파랗게 밀려왔다 밀려가는
짜알깍 파도소리를.

가볍게 날갯짓도 없이
청명한 하늘로
문득 날아오르는 너를.

다시금
나는 디지털 화면으로 확인한다.

초대

저기, 네모난 창틀에
꽃병이 있어.

바람결 따라
하늘의 햇살이 스며들고 있어.
사랑, 삶, 음악의 꽃들이 피어났다가 지곤하지.

무슨 걱정이야.
바람이 불고 비가 내리면,

조용해진 숲속 새처럼
마냥 숨을 멈추고,
흔들리면 또 다시 흔들리며
빨갛게 물들어가는
고개 숙인 중년의 풀잎들처럼,

지금여기로
가을의 꽃병으로 돌아오라고
그러면 난 너를 향하여
셔터를 누를 테니까.

깊고 깊은
알아차림을 가지고.

출사

버스를 탄다.
다시 눈 덮인 대관령으로.
날씨는 따뜻하고
바람이 없다.

바람이 없으니
태양마저 침묵 속으로 숨어버렸다.
새도 날지 않고
모든 것들은 정지되어 있다.

아득히 감추어진 나의 배경은
언덕의 렌즈를 통해서 문득 전경이 되고
어린 시절 잃어버린 기억은
코끝에서 현재가 된다.

숨을 깊게 마시는 순간
여기저기 방아쇠가 당겨진다.
찰칵하는 소리가 굴러간다.
하얀 종이 위로.

사진 찍기

본다. 느낀다.
초점을 맞춘다. 셔터를 다시 누른다.
들여다본다.
고개를 흔든다. 쳐다본다.
하늘을 째려본다.

너는 무엇을 보았는가?

저녁 햇살의 들오리 떼가
자맥질하다 무의식의 강물 속에서
문득 날아오른다.

눈발의 물결을 내뻗으며
순간순간 생멸하는 날개 짓을 따라
느낌의 라인라이트를 따라
온 몸의 경계선을 흘러내리면서
넌 운명적으로 외눈박이 관찰자가 된다.

호흡으로 돌아온다.
숨을 멈추고 다시 셔터를 누른다.
들여다본다.

아, 순수한 현존이여.
필연적 우연이여.
그곳 어디에도 너는 없다.

포토아이

눈 속을 걷고
또 걸어서 바람에 미끄러지고
갑자기 푹 빠지고

알고 있다구.
이 순간을 놓치면,
너를 다시 만날 수 없다는 것을
부서지고 흩날리면서도
균형을 잡아야 한다는 것.

숲을 뒤흔들며
고성을 질러대는 너의 하얀 날개
눈사태 속에서
새로운 영감이 날아오르고
셔터를 누르면, 찰칵
다시 일어나 가야한다는 것.

그래, 푸른 창공에서
마디마디 햇살이 무너져 내리고
손발은 굳어지지만 아름답지 않는가.

오, 판단을 멈추어라.
그냥 지금 그대로.

5

폭설,

순례자의 은빛 나무

소식

자다 일어나
창문을 열자,

골목길 가로등에서
눈발이 날린다.

어둠 속에서 홀로 빛나는
이 소식을
누구에게 전할까.

이렇게 소리도 없이
너는
문득 찾아오는데.

전변

처음 그때
설설 눈이 날리면서
빛과 어둠은
고요한 강물의 파문을 일으켰다.

거칠어진 숨결을 따라
골짜기 아래로 흘러온 물결은
서로의 허리를 붙잡고 뒤섞이면서
굽이굽이 마을을 이루고,

방황하는 어둠은
마을과 마을을 연결하는 길이 되고
잠들지 못한 빛은
건널목 가로등이 되었다.

뒤늦게
집으로 돌아오는 사람들
다시 첫눈을 꿈꾸는 그 가슴속으로
태고의 강물은
깊은 꿈결처럼 숨어들어갔다.

폭설

시방 저기
짐승들이
숲에서 울부짖는다.

번뜻이는 눈빛을
여기저기 흩날리며
새하얗게 잠든
나뭇가지의 깃털을 불러일으켜 세운다.

집으로 돌아오는
길고 먼 여정의 발끝 아래
뽀드득거리며,

새하얀
달빛의 강물이 흐른다.

폭주

날 건들지 마.
위험해. 창문을 꼭 닫아.

난 지금 어디로 튈지 모르는 망아지라구.
온 세포 마디마디
겨울 산을 산산이 부서져 내리는
차가운 폭죽이야.

골목마다 가득 차
씩씩거리는 뚜껑 열린 불꽃이야.
만지는 것은 무엇이나
얼어붙어버리는
바람의 새하얀 이빨이다.

고개 숙이고 달리는 고속도로뿐만 아니라
아파트 단지에 선 나뭇가지의 복잡한 생각도
마을 언덕을 날아오르는 새까지도
남김없이 그대로.

순례자들

포획하고야 말거야.
눈바람이 거칠게
길을 따라 쏟아지면 쏟아질수록
나의 그리움은 더욱 자라난다.

넌 내게 말한다.
왔다가 곧 갈 거라고.
우리는 각자의 움막에서
촛불을 켰다가 잠깐씩 머물다 간다고.

물론 그렇지.
그러니까,
이 순간이 더 고귀하지 않겠는가.

그러니, 그것이 무엇이든지,
충분하게 온몸으로 그냥 느껴라.
대지의 거친 숨결 안으로 걸어 들어가라.

마을을 지나 산을 넘어서
바득거리며 미끄러운 폭설 속으로,

길은 보이지 않지만
끝내 길은 연결되어 있을 것이니,
걷고 또 걸어서,
스스로 홀로 있음을 허용하라.

길을 따라
순례자의 손끝을 따라
끊임없이 흩날리며 온 천지를 향한,
하얀 그리움으로.

은빛 나무

아무 것도 없는 네가 좋다.
장식도 없이 허공과 하나가 된
너를 닮고 싶다.

여행자들
수많은 순례자들이 밟고 지나갔을
길목을 지키는 은빛나무여.

비틀거리는 능선을 따라
가던 길이 끊어지고
이어져온 생각들이 문득 끊어지고,
산줄기 줄기마다 세찬 바람이 불어오면,

너의 성스런 침묵이 보인다.
홀로 선
느리고 깊은 너의 숨결이.

언제든
길은 가야만 길이다.
그만 일어나자.

저기 움막까지 만이라도
언덕의 눈발을 따라
햇살이 보이는 그곳까지.

강가에서

눈이 내리는 동네
강가에 도열한 나무들
끝내 잠을 이루지 못하고,

다 말하지 못한
텅 빈 종이 위 깊은 전율이
온 강물로 번져나간다.

흔들리는 수면 아래로
물안개와 같은 잔물결을 남기며
언뜻 잡히지 않는 그림자가 지나가듯,

가족을 떠나
홀로 헤엄쳐 온 새는 얼음을 깨고
새벽을 날아오른다.

도착

비가 온다.
오늘 차를 타고 오면서
뒤를 돌아보았다.

강줄기 도로를 따라
뒤따라오는 헤드라이트가
꼬리에 꼬리를 물고 반짝이며 흘러내린다.
물방울로 얼룩진 차창에서.

얼마나 멀리 왔나.
얼마를 더 가야 하는가.

집에 도착하니
어두워지고 눈발이 다시 쏟아진다.
지난 낙엽위로.

귀가

집으로 돌아오는
홀로 걷는,

너의 뒷모습을 보면
내 마음이 보인다.

밤늦도록
깊은 눈이 내리고.

스승이시여

오늘은 당신이 그립습니다.
제 삶을 지탱해주고 이끌어주신 당신이.
이 세상에 와서
최고의 행운은 바로 당신을 만난 것입니다.

뚝뚝
꽃잎이 다 떨어지고
그 자국마다,
새롭게 새롭게 잎들이 돋아나는
그 무덥고 햇살이 땡땡 내리비치던 날,

'진리는 변함이 없어.
너에게나 나에게나.
서로 다르지 않아.'

억겁의 세월을 지나 여기까지
이어져온 당신의 가르침이 지금도 생생합니다.

꽃보다 붉은
앞산의 낙엽이
허공에서 무너져 내리고
아득한 숲길에 눈이 설설 날리던 날

당신은
그렇게 침묵의 불길 속으로 돌아가시었습니다.
뜰 앞에 우뚝 선
지금여기의 짙푸른 나무가 되어서
미소 지으며.

순간순간
늘 당신을 다시 새롭게 만나지만,
오, 스승이시여.
그래도 오늘은 당신이 그립습니다.

6

귀향,

지금여기

귀향

하늘과 땅 아래
혼자서
걸어가야 하는 길이 있다.

너가 걷고
나도 걷는,

섬과 섬을 지나
길에서 길로 연결된
들판을 지나면,

굴뚝에서
연기가 피어오르는
텅 빈 마을

아직도 그리운
길이 있다.

보름달

그래, 다시 출발이다.
그만 생각을 멈추고
그냥 그대로 현실을 받아들여라.

길은 아직 보이지 않지만
어둠속에서도
네가 가야할 길이 있다.

산길마다 안개 속 푸른빛이 번져나고
깊은 계곡마다
두리번거리며 어린 시절 나뭇가지들이
다시 깨어 일어난다.

보름달이다.
자, 그만 가자꾸나.
넘쳐나는 생각들은 단지 생각일 뿐,
다시 출발하자.

방문

라일락,
너를 보면 기억을 일깨우는
작은 소리가 들린다.

구불구불
긴 황토 길을 걸어
푸른 보리밭을 돌아서면,
돌담 위로

아득한 향기.
따가운 햇살 아래
텅 빈 고향집 골목길이 보인다.

평생
형벌처럼 두 발이 지면에 묶인 채
내던져진 강가,
어느 부서진 대문 사이로
숨겨진 다락방까지 다 드러난
서러운 보라빛 이파리들.

꿈틀거리며 기어올라
이제
너는 나비가 된다.

그것은

그것은
아침에 일어나니 목에 걸려있다.
내 안에 또 다른 무엇이 있다.

바람 속으로 파고드는 대관령의 날카로운
눈발이 아니다.
잠깐 숨을 멈춘 사이
얼음 위로 도약하여 정지된 TV화면 속으로 뛰어드는
스케이터의 노랑나비도 아니다.

그것은
시퍼런 하늘 아래에 있다.
줄기마다 뻗어나간 산맥들의 갈비뼈 사이로
깊게 잠이든 고향을 그리워하는
눈 덮인 슬픔과 같다.

주렁주렁 거미줄에 매달린
기억할 수 없는 아주 오래된 태초의 그때
아득한 숨결이다.

그것은
동네어귀 목안의 걸린 느낌을 따라
바다로 향하는 길 위에 있다.
흐릿한 길들은
물결치는 포구의 정박한 배에서 흘러나와
어둠 속으로 재빠르게 사라지듯
사방으로 관통하는 강물의 불빛과 같다.

그것은
무엇으로도 규정할 수 없는
안개다.

산책

이따끔씩
껍질을 벗고 싶다.
논리적 껍질을 벗겨내면,
그 속에서 잠들었던 안개가 기어 나온다.

어디에도 속하지 않는 무채색 느낌 그 자체로
깊은 강물에 빠진 나무들.
홀로 선 경이로움으로 걸어가는
침묵의 전율.
무슨 말을 말하기 그전부터
이미 손끝에서 느껴지는 날개 짓.

오늘 나는 안개 숲을 걸었다.
많은 사람들 속에서 혼자가 되었다.

일몰

어둠이 내리면,
넌 그때야 깨어난다.
푸르고 서러운 영혼의 하늘로.

먼 마을의 창문에
하나씩 촛불이 켜지면,
너의 아픈 가슴에
고향 들판의 나무를 세워 두리라.

개짓는 소리
돋아나는 별빛들과 함께.

고독하지만,
하늘 아래 혼자서 걷는
그대를 위해.

초승달

냇물에 손을 묻고
숨을 멈춘 순간
저기 물결 사이로 물고기,
너의 지느러미가 보인다.

걸음걸음 옮길 때마다
무너져 내리는 갈대밭의 노을 속에서
새소리가 돋아나고,

징검다리 건너면
더욱 깊어지는 마을의 숨결,

돌담의
높은 가지마다
초승달이 반짝인다.

지금 여기

저녁 날이면,
너를 다시 만난다.

퇴근하는 길목마다
여기저기 찬바람이 불어오고
스치는 등줄기에서 초승달이 돋아난다.

무슨 말을 할 수 있을까?
억겁의 세월은
바로 지금 여기인데,

태어나기 이전부터 너는
여전히 가슴에서 빛나고 있는데.

자작나무

억겁의 세월
순백의 갑옷만 고집하는 너를,
이 새벽에 다시 마주한다.
건너편 닫힌 유리 창문을 통해서,
주홍색의 영혼이여.

들판을 지나고 안개 속을 걷고
냇물을 건너서
부서져 내리는 아스팔트길에서도
여전히 곧게 선 너를.

차가워진 숲길을 뚫고
창백한 볼에 새겨진 마디마디
너의 눈물자국을 본다.
끝내 말하지 못한 하얀 부끄러움을,
이제 그만
아픈 눈을 떠보라.
그리운 이여,

점점 잊혀져가는 기억 속에서
눈발이 날리는
저기 커피숍 툇마루까지.

통찰

창문을 뚫고
건너편 툇마루를 지나,

달빛은
신발을 길게 끌고
앞뜰로 내려가

담벼락
앞집 오동나무 끝에
머문다.

7

호흡,
일상의 삼매

일주문

반짝이는 별처럼
강물은 흐르고 흘러

지금 여기
일주문에 이르렀으니,

따로 전해지는 다른 가르침은 없다.
오라. 이곳으로.

눈 감으면
코끝으로 눈발이 흩날리고
풍경소리가 들린다.

안개

새벽
처마 끝으로
깨어나는 빗소리.

굳게 닫힌
고택의 창문이 열리고,

아래 마을까지
먼 숨결이 들어오자

강줄기마다
번져나가는 부드러운 은빛 파문.

좌선

빗소리에
새벽 문을 열자,

잔잔한 물결 위로
걸어가는
바이올린의 스타카토.

일어나 그 앞에,
허리를 펴고 앉는다.

산등 너머로
안개가 피어오른다.

차담

문득
대종소리가 들린다.

매화 향기가
가득한 방 안
누구도 말하지 않는다.

창밖
한 줄기 햇살 아래
높은 나뭇가지

까치는
다시 둥지를 튼다.

풍경소리

담장아래
노랑 개나리 걸쳐두고.

가만히
눈을 감고
숨 들이마시면,

무너진
옛 돌담 너머로
흘러나가는 풍경소리.

동백꽃

온종일
푸른 실루엣 가장자리
혼자 앉아 있음.

섬은
햇살 아래 멀리
수평선 위로 떠오르고

어느 순간
뚝 떨어지는
가슴을 관통하는 동백꽃.

아득히 사라져가는
먼 파도소리.

반야

잠깐만
가던 길 멈추고
발밑을 보면,

강물이 흐르고
텅 빈 절벽 끝으로

너는
노랑꽃이 된다.
바위를 뚫고.

낙화

새벽
기억의 저쪽 골짜기로
초록의 안개가 깨어 일어난다.

공허한 도시
잠 못 이루고 헤맨 고양이
조심스레 걸음을 멈추고
뒤를 돌아본다.

비 내리는
돌 틈으로
하얀 새가 날아오른다.

사띠

노을은
어둑해지면
강물의 빨개진 어깨를 움켜잡고
춤을 춘다.

거꾸로 선 너는
찰랑거리는 시퍼런 물결 속에서
여기저기 아픈 은빛 상처를 기억해낸다.
저녁 햇살아래.

삼매

눈 내리면,
난 잠이 든다.
아주 깊게 포근하게.

숨소리를 듣는다.
아랫배가 조용히 움직이면서
넌 여전히 깨어있다.

눈 덮인 계곡,
새소리가 보인다.

8

숯불,
아름다운 당신

총파업

-이빨이 아파요.
건물 틈사이 물웅덩이에서
거꾸로 흘러가는
통증의 나무가 자라나고 있나 봅니다.

-좌측 위 26번인가요
그런가요.
두근거리며 심장박동소리가 유리창을 부수고
머릿속 깊숙이 파고 들어옵니다.
왼쪽 골목길에선 노동자 총파업 소리가 들려요.

-자, 조금만 참아요.
벽을 뚫는 드릴소리에 물이 넘쳐난다.
층계와 층계 사이를 맴돌면서
온몸을 힘껏 긴장시키면서
강압과 강압이 충돌하여 오랜 어금니가 뽑힌다.

-괜찮죠. 잘 참았어요.
집에 돌아와 일찍 자리 펴고 누웠지만
끝내 잠 못 이루고 다시 일어나
의자에 앉아 거울 속을 살펴본다.
입안 깊숙이 박힌 마른 가지에 낯선 불꽃이 앉아 있다.
거친 호흡과 함께.

안부

-지금 괜찮은가요.
도시는 온통 안개 속으로 갇혀있다.
다들 호주머니 속에서
핸드폰을 꺼내들고 흔들면서 소리친다.

흘러가는 흐린 불빛을 따라
거친 냇물에 던져지는 하얀 꽃들아.
변덕스런 감정의 속살아.
난 당신이 좋다.
느낄 수가 있고, 만질 수도 있으니.
-나중에 다시 연락할게요.

쏟아지는 행진 걸음마다
발가락 통증은 다시 반복되고
여기저기 번뜩이는
렌즈를 통해서 빛과 어둠은 춤을 춘다.
진실은 말하기 이전부터
이미 드러나 있으니.

어둑해진 불통의 건널목에서
안부를 묻는 핸드폰 소리가 다시 들리고
이른 새벽까지
여전히 촛불은 꺼지지 않고 있다.
-지금 괜찮은가요.

아름다운 당신

다시 하루가 갑니다.
당신의 저녁은
늘 아름답고 참 아름답습니다.
온 도시를 붉게 물들이면서 거룩한 모습으로
우리를 겸손하게 일깨웁니다.

아름다운 당신.
조금 실수를 하면 어떻습니까.
자책하지 말기를 소망합니다.
당신은 결코 죄인이 아닙니다.
당신은 이미 해탈하여 있고,
스스로의 길을 결정하고 창조할 수 있는
자유로운 존재이고,
당신은 당신의 삶을 향유할 자격이 있습니다.
그러니 힘내세요.

고통을
지혜로 바꿀 수 있는 힘을
당신은 이미 가지고 있습니다.
오월은
다름 아닌 바로 당신의 계절입니다.

연휴

모내기도 끝내고
당신은 참 좋으시겠습니다.
비가 그친 들판도 그냥 걸을 수가 있고,
푸른 하늘의 새소리를 바라볼 수가 있으니,

당신은 참 좋으시겠습니다.
일을 끝내고
흙이 가득한 다리를 그대로 쭉 뻗고
빈둥거리면서 낮잠을 잘 수 있잖아요.

산에 올라가
당신은
새로 피어난 푸른 잎사귀의 귓볼 잡아당기면서
야호! 크게 외쳐보곤
저 멀리 태고적 소리 들을 수도 있잖아요.

정말로 자유로운
당신은 참 좋으시겠습니다.
당신은 조금도 부족함이 없습니다.

애도

잠깐
여기에 앉아보아요.
숨을 깊게 들이마셔요.

아름다운 당신,
너무 슬퍼 말아요.
동떨어진 혼자가 되어도.

두려워 말아요.
우리는 누구나
결국 혼자가 아닌가 합니다.

저기에 꽃이 있군요.
누가 놓고 간 꽃일까요.
누가 내쉬는
성스런 침묵일까요.

부서진 돌담,
아주 오래된 부도탑 안으로
바람이 지나가요.

문안

알고 있어요.
지금 당신이 아프다는 것을.
어깨가 시리고
얼어붙는 강물 속에서
절망감을 느끼고 있다는 것을.

일어나 걸어보아요.
숲길의 햇살을 따라 걸으면서
통증에 집중해보아요.

떠나간 엄마로부터 분리되는
오랜 불안, 그 불안을 적극적으로 느껴보아요.
세상의 기준이 아니라,
그렇게 떠날 수밖에 없는 엄마의 가슴 안으로
걸어 들어가 보아요.

당신은 그 아픔 자체를
피하지 않고
충분하게 받아들이고 있다는 것을.
물론 알아요.

손님처럼 찾아오는
슬픈 화를 온전하게 느낄 자유가
당신에게는 있다는 것을.

송년행사

모두들 기뻐한다.
저 멀리 여전히 웃고 있는 당신의 눈빛을 보면서
물론 모두 다 알고 있어요.
각자의 일터로 한 해를 마감하고
멀리 다시 가야한다는 것을.

삶이란 고달프지만
근본적으로 행복함을 몸으로 보여주는
당신의 빨간 마후라도,
이혼과 전쟁으로 버려진 아이들과 함께
그럼도 그리면서
사랑을 나누는 아프리카의 진지한 웃음도,
부산에서 서울까지 5시간을 달려와서
다시 기차를 타기 위해서 창문을 열수밖에 없는
아쉬운 50대 당신의 얼굴도,
멀리 미국 타지에서
나이 드신 노부모님을 뵙기 위해서
그리운 모국에 오신 소녀와 같은 어색한 미소도,

알아요.
거친 선거전에서
보람을 느끼는 승리자의 큰 목소리도,
고생한 패자의 꽉 눌러쓴 모자도,
아이고! 죽겠다.
왜 이렇게 간지러운 거야.
외치며 옆에서 장난하는 몸짓소리도,
풍선을 터뜨리며 가까이 다가와 하는 말이
사람들이 절 '진짜'라고 불러요.
따뜻하고 만족해하는 눈웃음도,

우린 알고 있어요.
건배하면서
모닥불 아래 부끄럽지만
활짝 웃으면서
기타 줄을 잡아 연주하는 것도,
불타오르는 불꽃 속에서 달콤한 달고나를 뽑는
어린 시절의 기억들,
아, 이제 생각났어요.
맞아요. 그 사랑의 연금술들.

태어난 지 얼마 되지 않는
어린 아이의 볼에 입맞춤하면서
다들 행복해하는 넉넉한 미소.
할아버지!
달려오면서 손주 녀석이 안겨들면
기분이 뭐라 표현할 수 없다며
5살 꼬마 사진을 보여주는 스마트폰도,
사실은
뜰 앞의 감나무를 베어버리고 싶지만
어린 시절 아버지의 기억 때문에 그냥 두었다면서
건축의 아름다움은 '추억'이라고 역설하는
눈 내리는 얼굴에서 반짝이는 눈빛도,

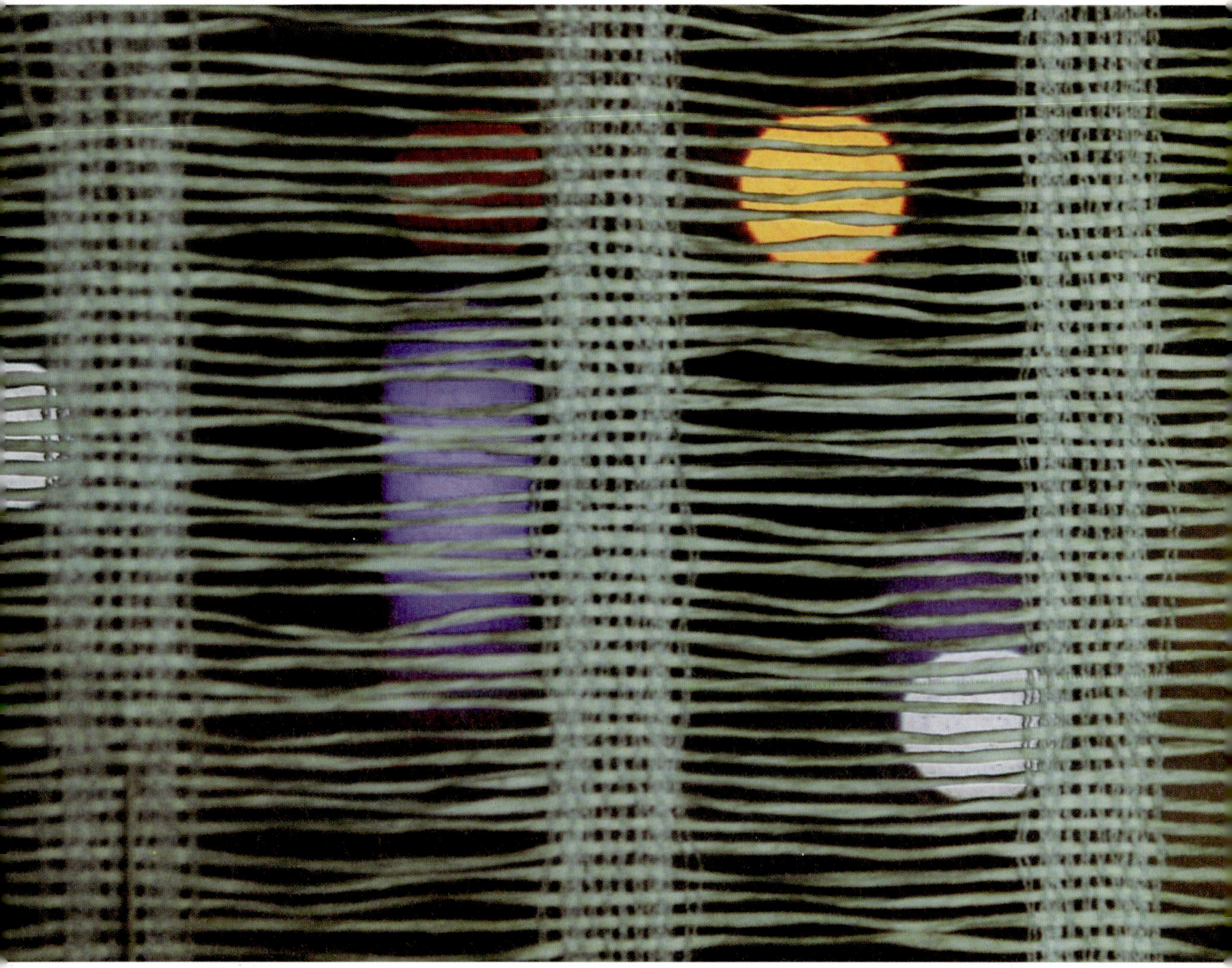

종종 우울하지만,
흰색 저 너머를 탐색하는
알 수 없는 깊은 하늘 속으로
자작나무와 별과 꽃들,
작은 틈새라도
항상 새로운 시각을 찾고
빛에 민감하면서도 역사를 기록하길 좋아하는
음악이 넘쳐나는 카카메라도,

알아요.
우리 모두는 알고 있어요.
나는 너에게로 너는 나에게로
가슴에 따뜻한 불꽃이 서로에게 흘러서
새해와 함께
새로운 이야기로 섞여 뒤섞여서
어느 도시의 골목 가로등 아래,
아니면 얼어붙은 강가에서
부둥켜 안으며 다시 만날 것임을.

당신은

당신은 누구신가요.
한 해가 저무는 나뭇가지의 끝에
홀로, 단독자로
침묵 앞에 앉아 있다는 소식 듣고 있어요.

가던 길을 잠시 멈추고
흘러온 생각들을 그냥 흘러가게 허용하면서
처음 그대로, 어디에도 걸리지 않는 채로
온전하게 스스로를 드러낸 당신.

암울한 도시의 거리를 휩쓸고
불통의 골짜기를 건너서 인식의 산자락
을 뒤흔들며
이제 코끝에서 순간순간 빛나는
바람의 숨결과 같은 당신.

눈을 감으면
눈앞이 환해지면서
햇살아래 웃음이 절로 나는 것.

당신은 누구신가요.

자화상

알아요.
눈이 내리면,
당신은 창문을 열고 숲으로 간다는 것을.

회색 옷을 겹으로 입고
털모자를 뒤집어쓰고
눈발 속으로 들어가 종적을 감추어버린다는 것을.

한 마리 짐승처럼
어둠속에서 번개가 번쩍이면,
감전된 숲은
어깨를 들썩이며 서럽게 울부짖고

그때마다
온 샛길마다,
당신의 발자국을 남긴다는 것을.

물론 알아요.
눈이 날리면,
문명의 병속에 갇혀있던 오랫동안 잊고 있던,

야성이 깨어 일어나
날아오르는 눈발이 되어서
온 산천을 헤매다
지쳐서야 돌아온다는 것을.

스승이시여

오, 스승이여.
무슨 말을 더 할까요.

내가 옳다고 하는 고집과 끊임없는 판단을 내려놓게 하시고,
누군가를 도와야한다는 자만과
나만을 사랑하도록 하는 은밀한 시도를 내려놓게 하소서.

작은 것에서도 스스로 만족함을 알게 하고
무엇보다도 자신을 속이지 않게 하며
어느 시대나 닥쳐오는
시련과 절망을 이겨내는 용기와 더불어
내면으로부터 깊은 영감을 얻게 하소서.

스승이시여.
스스로 만들어낸 망상에서 벗어나
분명하고 확고한 깨달음을 얻게 하시고
지금 여기에 존재함에 감사하고 헌신하게 하소서.
또한 문명사회의 끊임없는 탐욕에 휩쓸리지 않게 하시고
감추어진 깊은 분노로부터 자유롭게 하소서.

이 추운 겨울날
모든 정치적인 갈등을 넘어서
고통 받는 이웃들과 함께
살아있는 모든 생명을 존재하는 그대로
포용할 수 있는 큰마음을 주소서.

오, 스승이시여.
이제 저에게 깊은 침묵을 허락하소서.

9

장독대,

내면아이 만나기

바닷가

어린 시절 먼 바닷가에서
난 혼자서 논다.

조약돌을 만지면서
부질없이 파도소리가 문득 밀려온다.
방파제를 넘어서,

지금도
혼자 있으면,
멀리 땡그렁 종소리가 들리고,
눈바람에 흩날리는 낙엽은 갈 곳이 없다.
설날이 다가오지만,
웅크린 채로,
호흡이 거칠어진다.

"그래도, 힘을 내.
명절이 지나면 외로운 마음도 없어질 거야.
친구들이 다시 돌아올 거야.
집에 들어가도 못된 형들은 생각도 하지 마.
명절이 지나면 친구들이 너랑 놀아 줄 거야.
곧 돌아올 거야."

"그래도, 괜찮아.
외롭지만 내가 옆에 있잖아.
마음이 아프고 침울하지만,
그것이 오늘의 너를 있게 했잖아.
내가 항상 너를 지켜줄께."

(눈물이 흘러 내리면서
말한다.)

"응, 편안해졌어.
그렇게 말해주니, 기분이 좋아졌어.
이제 집에 가고 싶어.
집에 돌아가서 깊게 잠들고 싶어.
너의 손을 잡고 있으니,
희망을 잡는 것 같아."

(집에 돌아와,
편안한 표정으로 깊게 잠이 든다.
친구들이 콧노래로 자장가를 부른다.)

오늘
친구들이 내게 찾아왔어.
위로의 노래를 불러주었어.
조약돌의 깊은 삼매 속에서 가슴에 뭉친 애환을 토해냈어.
저 깊은 단전으로부터 부끄러워 숨겨진
지난 아픔들이 긴 호흡을 통해서
두 번 몰려나왔어.

숨겨진 무엇이 있다.
비밀스런 무엇이 있다.
내 안에는 나도 알지 못하는,
뚜렷하게 죄 지은 것도 없는데,
늘 불편한 무언가 있었다.
그랬는데,

오늘 후련하다.
지난 세월의 굳어진 마음이 풀리면서
신기하게 키가 커진 느낌이 든다.

들판

입을 다물고
고개를 깊게 숙이면,
아랫배 아픈 숨결이 보인다.
갈대밭 끝으로 눈바람이 흩날린다.

동네어귀,
웅크리고 앉아 오지 않는
할아버지를 기다리고 기다린다.

마침내 저녁달과 마주한 너는
어깨의 눈발을 떨쳐내고 일어나
하얀 들판으로 걸어 나간다.

침묵 속에서
멀리 굽어진 황토길을
새가 날아오른다.

골목길

버스에서 내렸다.
저기에 엄마가 서 있다.
먼 허공을 바라보는
엄마는 외롭고, 한없이 공허해 보인다.

엄마, 나 많이 아파.
아랫배가 쓰리고,
내내 토해냈어.
엄마, 나 많이 아프다구.

말을 하고 싶지만,
무엇인가 굳어진 엄마의 표정으로 인하여
차마 말하지 못한 채로 아픈 배를 가슴의 쇄골에 묻고,
난 엄마의 뒤를 따른다.
막막한 고개 떨군 채로.

아장아장 비둘기가 걸어가는
눈이 날리는 골목이다.
어차피 엄마는 내게 올 수가 없어.

힘들 때마다
지금도 떠오르곤 하는 상념이다.

강둑

나는 6살 때, 이미 어른이 되어버렸다.
무서웠고 살아야 한다는 생각에.

아버지는 아파서 누워계신데,
집안에 큰 싸움이 일어났던 것 같다.
엄마는 살기가 힘들다고
강물에 빠져죽자고
언니와 나를 데리고 뚝길로 나갔다.
강물 위로 달빛이 환하게 비추어주었다.

나, 죽기 싫어.
왜 자꾸 죽는다고 해
나 무서워.
엄마, 죽지마.

엄마는 강둑에 주저앉아
나를 껴안고, 목 놓아 울기 시작하였다.
언니도 따라 울었다.

달빛이 강둑을 환하게 비추던
그날 이후로 난 6살짜리 어른이 되었다.

내가 엄마를 돌봤다.
엄마가 좋아할 말만 하고,
공부도 열심히 하고,
외할머니와 삼촌이 불쌍하고 안쓰러워서
그들이 좋아할 일을 만들어서 했다.

갑자기 이러는 내가,
-광대 같다는 생각이 든다.

(얼굴을 두 손으로 감싸고
펑펑 소리 내 운다.)

한순간도 편안하게 쉬어 본적이 없다.
지금도 항상 가족들의 요구를 충족시켜주고
정말로 내가 무엇을 원하는지
알지 못한 채로, 그냥 뚫고 나간다.
주저앉거나 쉰 적이 없다.

(크게 한숨을 쉬면서)
그래서 잘 때는 죽었던 같다.
스스로 지치고, 내면은 항상 공허하고,
-이제는 쉬고 싶다.
정말이지, 나를 찾고 싶다.

동생이 태어나던 날

내 삶의 중요한 순간에 항상 떠오른 장면이 있어.
공기가 불안하고 주변이 웅성거리면서
낡고, 붉은 색 커튼이 눈앞에 철벽처럼 내려졌다.

엄마, 보고 싶어!
울음만 터져나올 뿐,
누군가 강력한 힘으로 뒤에서
내 팔을 잡았다.
앞으로 더 나아가지 못한,
슬프게 떨리는 파도는 그대로 무너졌다.

이것은 내 최초의 기억이다.
아마도 2살이었고,
어른들은 동생이 태어나던 날이라 한다.
너무나 오랜 세월 동안 반복된
이것은 내 삶의 상징이다.

지금까지...나는
-의욕이 없고,
-자포자기했고,
그 무엇도 바라지 않았다.
-누구에게도.

불쌍한 우리 엄마에게
나란 아무런 존재도 아니었다.
난 그녀에게 무슨 의미가 있었을까?
늘 남동생만을 챙기는 엄마.

이런 생각을 하면, 지금도 어깨와 등이 아파온다.
지금도 누군가 나를 꽉 잡고 있다.
난 아무 것도 할 수가 없다.
그냥 다시 주저앉는다.
바닷가의 난파선처럼, 스스로 무너져 내린다.

그러나 다행스럽게
오늘 나는 새로 태어난 기분이다.
내 안의 어린 나를 다시 만나면서

그때의 작은 아이로 정말로 다시 돌아갔다.
어린 나를 엄마가 무릎위에 안아주었다.
아픈 어깨를 따뜻하게 어루만져주었다.
그리고 귀에다 속삭여주었다.

엄마는 널 버린 것이 아니야.
지금 동생이 태어나고 있어.
그래, 너가 태어날 때도 그랬어.

놀랍게도 불안감이 사라지고
마음이 편해졌다.
엄마를 지켜보면서
그 옷자락을 꼭 쥐고 있는 안심이 생겨났다.
너무나도 편안해지면서
가슴으로 그 어린 아이를 꼭 껴안아 주었다.
그리고 나는 말했다.

괜찮아. 넌 버림 받는 게 아니야.
엄마는
-단지 아이를 낳고 있을 뿐이야.

온 몸이 따뜻해졌다.
바다의 햇살이 반짝거리면서,
번져나가는 듯이.

창가에 앉아

뜨거운 태양아래
열기가 휩쓸고 지나간 자리,
옆집 오래된 레코드판에서 합창소리가 들린다.

파도가 더 나아갈 수 없는
바닷가의 숲 창살을 뒤흔들며
자맥질하는 여름바다를 너는 바라본다.

멀리 마을
담벼락에서 빛나는
새털구름이 기어오른다.

"태양이 너무 뜨거워.
곧 태풍이 닥쳐올거야."

"알고 있어.
그래도, 혼자 잘 지내."

속삭이는 귓속말과 함께
젖은 등에서 땀이 흘러내리고
발아래로 거친 물살이 할퀴고 지나간다.
붉게 타오르는 저녁노을 속으로

어린 아이는
돌아오지 않는 엄마를 기다리며
아직도 창문에서 연을 날린다.

마음이 멍든 날

회초리 5개
방문 걸어 잠그고
온 몸 다 벗기고
엄마에게 억수로 맞았다.
전교1등을 못했다고.

구석에 웅크리고 있는
가엾고 불쌍한 차마 볼 수 없는
내 모습이 보인다.

왜 때리냐고 저항하지 못한
내 자신이 싫다.
맞고만 있는 내 자신이 싫다.
내 자신이 밉다.

다가가서 안아주고 싶지만
두렵다. 가슴 벅차다.
숨이 막혀온다.

나를 용서하지 못하고 있다.
스스로 책망하면서 스스로 멍에를 지고 있다.
미운 사람은 엄마가 아니고,
바로 내 자신이다.

그렇게 보니,
이제는 힘이 생긴 것 같다.
할 수 있을 것 같아.
내 자신을 껴안을 수 있을 것 같다.

-이제 괜찮아.
-너 바보가 아니야.
이제 솔직하게 말할 수 있어.
전교 3등은 잘한 거야.
-너 참 잘했어.
네 잘못이 아니야.
두려운 상황에서 어떻게 할지 몰랐으니,
그럴 수 있어. 괜찮아.

잘 이겨냈어.
넌 멋진 사람이야.

강가에 서면

강가에 서면
저 멀리 들판을 지나
상여가 간다.

흙과 바람과 눈물이 뒤섞여서
가슴뼈 속으로
서로 서로에게서 느껴지는 통증.

온 몸이 뒤흔들리며
아득하게 문풍지 소리가 들려온다.
강둑을 걷고 걸어서
더 이상 갈 수 없는 길 위에서
눈발이 다시 내린다.

아빠. 잘 가.
그래도 고마웠어.

어디에도 속할 수 없는
내팽겨쳐진 어린 나무는 일어선다.
부서진 얼음 사이로
스치는 시린 바람을 지켜보며,

멈추지 않고
끊임없이 안으로만
흐르는 호흡의 강물에 집중하면서.

아빠가 그리운 날

나이가 들어도 여전히
아빠가 보고 싶다.
편안한 등에 업혀서 자던 때가
먹을 것을 사 주고
항상 공감과 지지해주신
아빠가 보고 싶다.

커서는
멀리 눈 덮인 산을 오를 때에도
항상 딸을 앞세우고
그 뒷모습을 흐뭇하게 바라보는 아버지.
이것을 행복으로 아신 우리 아빠.
사람들 앞에서 딸을 자랑스러워했던 우리 아빠.

난 항상 해결사 노릇을 했지만,
아빠가 돌아가신 이후로
정작 내가 힘들어할 때
누군가 다독여주고 지지해주는 사람이 없다.

나이가 들어도 난 여전히 어린아이이다.
종종 아이가 되고 싶다.
아버지와 같은 나이가 되어서야
이제야, 그렇게 외로워했던 아빠가 이해가 된다.
오늘은 유독 아버지가 그립다.

장독대

시골 마을 돌다가
마주한 할미꽃과 항아리
잊고 있던 기억이 아득히 떠오른다.

자꾸 장독대로 가시는
할머니와 엄마를 보면서
아이는 늘 궁금했다.
저 속에 무엇이 들어있을까.

장독대의 항아리들
내 키만큼 크다.
양손으로 들어 올릴 수 없을 만큼
비밀스런 뚜껑의 무거움이 그곳에 있다.

산 아래로
어두운 대지를 뚫고
할미꽃이 고개를 숙이던
햇살 가득한 어느 날

마침내 나는 뚜껑을 들어올렸다.
코를 찌르는 냄새,
솔직하게 그곳은 더러웠다.

왜 하필 숯이야.
하얗게 저린 성에가 낀
쓰고 짠 간장 사이로 마당의 빨간 고추랑
처마 끝에 매달린 메주가
이곳에서 둥둥 떠 있지 않는가.
깊게 숨을 들이마시자
아침 밥상에서 자주 본
엄마의 치맛자락에서 맡았던
그 간장과 된장 냄새가 난다.

그날 저녁 벌을 받았다.
항아리 뚜껑을 닫다가 깨뜨렸기 때문이다.
바쁘기만 한 오늘날
우리는 간장과 된장을 담그고 살지 않는다.
결국 그 내밀한 추억도 함께 소멸해 버렸다.

10

실존,
홀로 있기

새싹

포기하라.
존재하지도 않는
스스로 세운 모든 권리를.

온 적이 없으니
돌아갈 곳도 없다.
간적이 없으니
되돌아올 곳도 없다.

혼자 있어라.
어두워질수록
가슴의 별빛이 더욱 빛난다.

감각

오늘
방금 전에 난 태어났다.

천천히 귀가 열리면서 음악소리가 스며든다.
옷을 입으면서 손으로 단추를 끼운다.
아래쪽에서 위쪽으로
하나씩 하나씩

눈으로는 세상을 보면서
다리로는 천천히 걷는다.
움직임을 통해서 하나하나 살아있음의
생생함을 느낀다.

그냥 혼자 있어라.
스스로 홀로 서 있을 때
존재감은 온전히 드러난다.

어르신

지금 무엇을 하나. 그렇게 땅바닥에 누워서.
지나가던 할아버지가 묻는다.

아, 사진을 찍어요. 목련을요.
투명한 속살에서 푸른 달이 떠올라오는
저기 보이죠.
꽃잎 사이로 달이.

그렇군. 아주 아름답게... 신기해.
참 열정이시군.
살아있음에 감사해. 내 나이가 86세야.
이렇게 움직일 수 있고,
아름다움을 느낄 수 있으니,
행복한 게지.

할아버지, 이 동네에서 사세요.
그래, 젊었을 땐 베트남 전쟁에도 참여했어.
지금은 휴지 줍기, 쓰레기 청소도 하고
공원에서 걷기도 하고,
몸을 움직여
그래서 살아있음을 느끼는거야.

할아버지는 혼자서 외롭지 않으세요.
외롭지. 혼자라는 것이.
어쩔 수가 없지.
나이가 들면 무릎이 아파오면서
저절로 알게 될 거야.

살아있는 기쁨이 더 커.
꽃도 볼 수 있어.
아직 움직일 수 있음에
매일 매일 감사해.

버드나무

공허감을 견뎌내고
혼자 있어야 함.
고독 속에서 영적 소리가 들림.

그래, 맞아.
이제 하늘도 보이고 이웃도 보인다.
좀더 너 자신에게로
충실할 여백이 생겨난다.

오랜 세월
대상을 향한 족쇄에서
바람과 함께 넌 풀려났다.
자연스럽게 흘러가면서

나목

아무도 우리를 불행하게 할 수 없다.
이미 우리는 행복하기에.

이 감정을 충분하게 맛보라.
따가운 햇살의 폭풍 속으로 걸어 들어가라.
피하지 말고.

아쉽고 힘들겠지만,
오랫동안 친숙했던 너의 역할을 벗어라.
사회적 이름은 환처럼 물거품처럼 그림자처럼
사라져버렸다.

누가 지켜준다는 것인가.
우리를 지켜주는 것은 바로 우리 자신이다.
그것은 어딘가 향하여 걷는
삶의 방향이다.

실존

기차길을 따라
의식의 차가운 표층을 지나
안개 속으로

괜찮아. 기다려라.

가지마다 얼어붙은 눈꽃이
새가 되어 날아오르지 않아도
일시에 세상을 바꾸어놓은
폭설이 내리지 않아도 좋다.
잠수한 물새들이 떠올라올 때까지
깊은 내면에 잠들었던
닮은 영상이 깨어날 때까지.

호수의 깊은 계곡에서 울부짖는
겨울 산소리
흔들리는 잔물결들,
귀 기울여 보라.

세파에 시달린
조약돌의 둥그런 가슴에서
속삭이는 태초의 햇살들.
무엇보다도
너의 맑은 본성을.

노랑 나뭇잎

지난밤에 번개가 치고
천둥소리에 가을 단풍이 다 떨어졌다.

그리고 앙상한 나뭇가지에
겨울이 왔다.

외투 속으로 고개를 집어넣고
길게 버스를 기다린 사람들은
어디론가 떠난다.

그 자리에 여전히 남겨진
높은 나뭇가지 끝의 노랑 나뭇잎은

이리저리
눈발에 흩날린다.

동지날,

전화가 왔다.
지금 창문을 열어보라고.
창문을 여니
어, 정말로 눈이 내린다.

그는 말한다.
슬픔과 절망도 매우 중요한 삶의 일부이니
거부하지 말라고.

밤이 깊어지면
더욱더 많은 태양을 그리워한다고.
깊게 성찰의 계곡으로 내려가면
본래적 너의 모습이 보일 것이라고
팥죽을 먹고 나면
푸성귀도 새로운 마음이
일어날 것이라고.

동지날
창문을 열어두고
눈이 내리는 창밖을 바라본다.
의자에 앉아서.

강가의 나무

꼬리에 꼬리를 물고
덜경거리며 차들은
저녁노을의 빌딩숲으로 스며들고,

입안에서
부서지는 구운 비스킷처럼
이렇게 또 한해가 저물어간다.

어두워질수록
차가운 강바닥에서
우리 문명의 레온싸인은 더욱 슬프다.

무엇이 너를
이 강가에 서 있게 했을까.
한 발을 아스팔트에 파묻는 채로
떠나지도 못하고.

주인공아

주인공아.
속지 말라.

눈으로 끌려 다니고
귀에 흔들린다.

이제 그만.
몸과 마음에 속지 말라.

숨바꼭질 그만 멈추어라.
이미 넌 자유로운 존재다.

서평

포토 명상시집 『순례자의 은빛나무』의 시 세계

백원기
동방문화대학원대학교
불교문예학과 교수
문학평론가

한국 근현대의 대표적인 선승인 효봉선사 - 구산선사의 법맥을 잇는 인경스님은 맑고 성성 적적한 올곧은 수행자로서 불교명상과 심리학을 융합한 명상심리치료가 현대인들의 고통과 아픔을 치유하는 대안이 될 수 있음을 진단하고 이를 선도적으로 실천해 오고 있다. 그 결과물이 직접 찍은 청신하고 아름다운 사진과 함께 명상수행을 담아낸 포토 명상시집 『순례자의 은빛나무』 상재이다. 총 10부로 구성되어 있는 이 포토 명상시집은 바쁘게 살아가는 일상으로는 좀처럼 포착하지 못하는 사유와 체험의 인상들을 담고 있다. 특히 맑고 간결한 명상시와 프로 수준급의 실력으로 찍은 포토의 결합은 '지금여기'의 불안, 우울, 스트레스 등 내면의 상처를 치유하고 희망의 장으로 이끄는 힘을 지니고 있다.

1. 인경스님 명상시의 특징

명상은 정신적, 정서적으로 맑고 안정된 상태에 들어가기 위해 내면의식으로 몰입하는 것을 의미한다. 즉 외부로부터의 마음이 비워지고 내면에 몰입상태가 되면 마음은 깨어 있는 각성상태에 들어가 있게 된다. 결국 명상이란 또 다른 차원의 자연과 만나기 위한 여정이다. 우리는 미지의 세계를 탐험하면서 우주의 비밀을 간파하고, 진정 내가 누구인가를 깨달아 가며, 의식작용의 신비로운 비밀을 알아가게 된다. 그렇다면 명상시는 깨어 있는 상태에서 바른 지견으로 사물을 관조하고, 내가 누구인가에 대한 깊은 사유의 서정을 적절한 상징과 비유로 시적 형상화하는 것이라 할 수 있다.

인도의 대표적인 명상시인 까비르, 타골, 라즈니쉬 등은 한결 같이 '지금여기'에서 눈뜨고 호흡에 집중할 것을 강조한다. 타골, 라즈니쉬의 『까비르의 명상시』 중에 "벗이여,/ 그대 어딜 가서 나를 찾는가/ 눈을 뜨고 보라/ 나는 지금 그대 옆에 있나니 // ...(중략)... 진정으로 찾는 이여,/ 찾아 헤매이는 이여!/ 신은 모든 존재의 호흡 속에 있다/ 그 호흡 속의 호흡이다"라는 구절은 이를 잘 말해준다. 무엇보다도 정갈하고 아름다운 언어, 그리고 자연과 교감의 어울림 속에서 빚어진 이들의 명상시에는 몸과 마음을 이완시키며 휴식과 위안을 준다. 뿐만 아니라 마음의 상처와 몸의 고통을 줄이고 트라우마를 치유하는 힘이 있다.

인경스님의 명상시 세계도 이와 크게 다르지 않다.

새벽처마/끝으로/깨어나는 빗소리.
굳게 닫힌/고택의 창문이 열리고,
아래 마을까지/먼 숨결이 들어오자
강줄기마다/번져나가는 부드러운 은빛 파문.
('안개'중에서)

'지금여기'에서 나를 보고 모든 존재의 실상을 호흡 속에 있음을 나직하고 맑고 간결한 어조로 천착하고 시화하는 데 스님의 시 특징이 있다. 맑고 고요하며 깊은 사색과 관조에서 빚어진 스님의 시들은 적요의 세계에 닿아 있고, 때로는 수행 삶의 애틋한 속살을 내보이며, 세간과 출세간을 자유로이 넘나들기도 한다. 나아가 스님은 중생들의 아픔을 자신의 아픔으로 여기며 무한한 연민과 공감으로 그들의 아픔을 보듬으며 치유의 방편을 제시하고 있다. 따라서 영혼을 깨우는 힘과 자신에 대한 깊은 성찰을 투명하고 아름답게 담아내는 스님의 명상시에는 고뇌와 가르침, 그리고 독자의 가슴을 적시는 공감의 요소가 있다. 이와 같이 마음속 깊은 곳에서 발현되는 서정을 진솔하게 표현한 스님의 시에는 다양한 마음의 스펙트럼이 담겨 있어 그 반향과 울림의 진폭이 넓고 깊을 수밖에 없다. 그 이유는 스님이 지닌 통찰력과 조형력이 삶의 큰 변화를 가져올 수 있게 하고 의미화하기 때문이다. 또한 스님은 우리가 늘 보지만 보지 못하는 것, 우리가 늘 듣지만 듣지 못하는 것들을 통찰력과 명징한 언어로 살려내어 우리를 새로운 사유의 세계로 안내하기 때문이다. 포토 명상시집『순례자의 은빛나무』가 새로운 깨달음과 울림을 주며, 아픈 마음을 치유하고 흐렸던 정신이 맑아지게 하는 영혼의 모음(母音)으로 다가오는 까닭도 여기에 있다.

2. 끊임없는 자아 찾기

항상 명쾌하고도 열린 마음으로 마음결을 따라가는 인경스님은 인간은 어떠한 존재이며, 무엇을 지향하는 존재인가에 대한 끊임없는 성찰과 물음을 던진다. 스님의 이러한 면모는 '만남, 너는 누구냐'로 시작되는 시편들에서 '꽃'의 이미지를 통해 보다 선명하게 드러난다.

너를 만났다./며칠 전 문득 산책을 하다가/그날 비가 왔지만,/햇살처럼 빛나는 너를.

기와 담장 너머로/어둠 속에서 부끄러워하면서도/본래의 노랑 얼굴/다 드러낸 너를.
오늘/다시 만날 것을 생각하니, /짧은 생을 마감할/푸르고 파란 가슴이 벅차다.
('만남'중에서)

어쩌면 우리는 만남이라는 인연의 숲속에서 살아가는지도 모른다. 스님 역시 비 온 뒤 산책길에서 후미진 기와 담장 너머로 수줍게 핀 한 송이 노랑꽃에서 생명의 비의를 읽어 낸다. 햇살처럼 곱게 핀 노랑꽃에서 짧은 생을 마감할 꽃을 생각한다. 하지만 그 꽃을 언젠가 다시 만날 것을 생각하니 푸르고 파란 가슴이 벅차다고 한다. 하찮은 한 송이 꽃에서 불성을 보고 생명연대의 존귀함을 간파하는 시적 상상력이 참으로 놀랍다. 또한, 스님은 자기 내면의 관조와 궁리에서 진정한 나는 누구인가에 대한 끊임없는 물음을 던진다.

꽃이여./텅 빈 종이 위에서/이름은 단지 흔적일 뿐,/너의 영혼이 아니다.
새 발자국 소리도/들리지 않는 깊은 안개 속,/푸른 빛 기억속의 잎사귀들 뒤척이며
감각의 몸 느낌을 따라 줄기 줄기마다/실핏줄의 작은 날개 퍼덕거리며
이제 누각의 옛 길을 따라/가랑비 쏟아지는 코끝 면전에서
달빛으로 피어나는 너는/너는 누구냐.
('너는 누구냐'중에서)

인용 시 역시 '꽃'의 이미지를 빌어 지난한 자아 찾기의 일면을 표출하고 있다. 새 발자국 소리도 들리지 않는 안개 자욱한 적막 속에서 푸른 잎사귀들 헤치며 '감각의 몸 느낌'을 따라 '달빛으로 피어나는' 꽃이여, '너'는 도대체 누구인지 묻고 있다. 안다는 것이 머리의 인지작용이라면 '느낌'은 전체적이다. 전 존재의 세포 하나하나가 그대로 느낌 그 자체가 되어 느낀다. '실핏줄의 작은 날개'는 시인의 세밀한 눈으로 보고 느낀 시적 형상화이다. 그래서 느낌은 전체적이며, 유기적이라 할 수 있다. 끊임없는 자아 찾기를 하고 있는 스님의 혼을 흔들어 깨우는 것은 누각 주변 길가를 따라 코끝 면전에 달빛처럼 환하게 피어나는 있는 꽃향기이다.

탈속의 이름으로 떠나는 여행은 존재의 열림으로 이끄는 것이라 할 수 있다. 인경 스님의 부단한 자아 찾기는 봄날 섬진강을 따라 여행하는 모습에서 잘 표출되고 있다. 잠결에서 깨어나 강변에 핀 아름다운 벚꽃을 여기저기서 카메라에 담아내는 소리를 듣고 존재의 의미를 파악하기도 한다. 카메라로 담아내는 풍광은 저기 밖에 존재하지만, 결국 텅 빈 공허한 자신의 벽에 걸어둘 바로 자신의 일부이라는 생각이다. 여기에는 시인의 직관적 자연 관조를 기조로 한 자연과 합일에 이른 정신세계가

다분히 내재되어 있다. 또한, 스님은 밖으로만 향한 안타까운 열정을 달빛의 강둑에서 만나고, '지금여기'로 돌아와 숨을 멈추고 허리 곧게 세운 변함없는 자신의 영혼을 노래한다. 올곧은 스님의 선정 수행을 그대로 보여주는 대목이다. 이러한 선정은 대나무 숲을 날아오르는 산비둘기가 저녁 햇살 아래 수면을 깊게 응시하면서 '안으로 흐르는/ 냇물의 달빛을 만난다'(「은거」)라는 시에서 함축적으로 잘 표현되고 있다. 이처럼 모든 집착을 놓아 버리고 내면을 응시하며 선정에 든 모습은 색(色)을 찾느라 공(空)을 등한시해온 것을 되돌아보게 한다.

3. 새로운 탄생의 낙화와 바람의 날개

인경스님의 포토 명상 시집에서 '꽃'은 다양한 시적 이미지로 작용한다. 가령, 돌담 벽 나뭇가지 마디에 반짝이는 은밀한 꽃잎들의 흔들림에서(「탄생」) 외롭고 그리운 마음을 변주해내는 것이 그것이다. 이는 다분히 선적인 사유에서 가능한 일이다. 이렇게 스님은 꽃을 통해 자신과 자연의 모습을 동시에 되돌아보게 하고 있다. 물론 그 이면에는 홀로 깨어 있는 자신이 자연의 일부이지만, 그 스스로가 자연처럼 무한할 수 없는 유한한 존재에 대한 자각이 있다. 꽃은 열매를 얻기 위해 핀다. 열매가 맺히면 꽃은 떨어지고 만다. 스님은 떨어지는 꽃에서 자연의 섭리와 지금여기의 깨달음을 결합하여 새로운 깨달음의 시적 의미망을 드러내고 있다.

> 바람이 불면서/벚꽃 하나가/골짜기 냇물에 떨어지자,
> 온 하늘이 컴컴해지면서/벼락이 전율한다.
> 산에서 산으로/마을과 마을을 지나/
> 지금 여기/간신히 딛고 선 발밑까지/하얗게.
> ('낙화'중에서)

꽃잎이란 단순히 하찮은 존재가 아니라, 생명의 신비를 간직한 우주적 존재로 인식되고 있다. 꽃은 가냘픈 몸에 짧은 기간 동안 피었다가 지는 유한한 존재이다. 하지만 스님은 바람에 벚꽃 하나가 산골 냇물에 떨어지는 순간, 온 하늘이 캄캄해지면서 벼락이 전율하는 것을 느낀다. 그 떨어진 하얀 벚꽃이 산과 들, 마을을 지나 '지금여기' 발밑까지 다가와 함께 하고 있음을 노래한다. 여기에는 한 송이의 낙화에서 순간적으로 우주의 새로운 질서를 간파하는 놀라운 시적 상상력이 놓여있다. 그래서 낙화는 완전한 소멸이 아니라 새로운 나 자신을 알게 하는 매개로 기능한다. 그렇다면 낙화는 또 다른 새로운 탄생을 배태하고 있음을 보여준다 할 수 있다.

한편, 삶의 심한 굴곡과 굽이는 우리를 한결 더 강하게 만든다. 비바람과 풍설을 이겨낸 소나무가 더 푸르게 보이고, 눈 속의 매화 향기가 더욱 짙듯이, 구도와 깨달음을 향한 치열한 수행과 역경 속에서 외로움과 슬픔의 아픔을 극복한 수행자의 삶이 더 든든하고 향기로울 수 있다.

> 그랬다./돌개바람이 불던 어느 날 밤,/허공을 떠돌던/냇물의 꽃잎은 흐르고 흘러서
> 푸른 가슴으로 옹기종기 모여들었다. /
> 접촉과 분리,/존재의 경계선에서/다들 아픈 추억을 하나씩 가지고 왔다.
> 이 슬픔은/어디서 올까.
> 꿈속까지/근원을 알 수 없는 외로움들./젖은 어깨를 서로 움켜잡고/
> 그날 너는,/너무 아파서 울 수도 없었다.
> ('트라우마'중에서)

누구에게나 현실적인 고민과 걱정이 있고, 지금도 숱한 시련과 상처의 몸을 비틀거리며 어둠속의 긴 터널을 걸어가는 이도 있을 것이다. 인용 시에는 이상과 세속적 번뇌로 뒤덮여 있는 현실 사이에서 괴로워하는 시적 자아의 모습이 농축되어 있다. 특히 '냇물의 꽃잎'이 흘러서 '푸른 가슴으로 옹기종기 모였다'는 대목은 누구나 저마다의 아픈 추억을 하나씩 가지고 살아가고 있음을 함장하고 있다. 근원을 알 수 없는 상처와 외로움을 함께 나누며 너무 아파 울 수도 없었다는 것은 화자의 존재 사물에 대한 무한한 자비심의 발현임을 말해 준다. 도대체 산다는 의미가 무엇인지 답답하기만 하고 괴로울 때 우리를 견디게 하는 힘은 무엇인가? 그것은 슬퍼하지 않고 꿈을 잃지 않으며 내일의 밝은 희망을 보듬는 것이다. 스님은 이러한 삶의 대립적 관계를 설정하여 어둠을 뚫고 나온 아픈 기억의 언저리에서 더욱 빛나는 희망의 '초록 새싹'을 보듬고자 한다.

> 철벽을 뚫고 나오는/온 몸이/끙끙거리는 새소리./
> 기억의 저쪽 언덕에서/더욱 빛나는 초록의 새싹이여.
> 긴긴 세월/그림자의 동굴 벽에 새겨진/태고의 내 모습을 보면서
> 어둠을 뚫고 지나온/기타줄 부서진 기다란 손끝이/지금도 아파오지만,
> 더듬거리며/너를 향한 멈출 수 없는/그리움을 더욱 그리워한다.
> 바람 속/얼굴 스치는 투명해진 햇살을.
> ('공감'중에서)

어제의 하늘, 어제의 태양은 결코 오늘의 그것이 아니다. 이처럼 모든 존재는 항상 그대로 존재하지 않는다. 어두운 터널을 지나면 밝은 햇살이 기다리고 있다. 이처럼

화자는 기나긴 세월동안 겪은 아픔과 상처를 극복하고 그것이 오히려 아련한 추억이 되고 지워지지 않는 그리움이 될 수 있다는 메시지를 전하고 있다. '바람 속 얼굴 스치는 투명해진 햇살'은 시련과 고통을 극복한 따뜻하고 희망찬 치유의 빛을 상징한다. 이와 같이 스님은 중생을 향한 멈출 수 없는 연민과 자애의 손길을 보여준다. 이러한 모습은 '중생이 아프니 내가 아프다'라는 유마거사의 중생 사랑과 다르지 않다. 그래서 스님은 상처를 안고 어둠속에 살아가는 우리들에게 새로운 희망의 메시를 전하고자 한다. 그것은 폭풍을 뚫고 어린 시절 새벽의 깊은 꿈속까지 그대로 날아오를 것을 강조하는 다음의 시에서 한결 상징적으로 극화된다.

> 정해진 길은 없다./다만/지금여기 이뿐.
> 폭풍의 줄기마다/떨려오는 단절의 슬픔도/고기잡이배의 새하얀 불안감도
> 너의 몸을/그냥 지나가게 하라.
> (중략)
> 아픈 그대로 날아올라라./고독한/폭풍의 눈이여.
> 하늘을 지배하는 너는/어둠의 깊은 바다 속/은밀한 제비집까지 꿰뚫고 지나간다.
> 처음 그때/존재하는 그대로.
> ('바람의 날개'중에서)

정해진 길은 없고, 다만 지금여기가 중요할 뿐이다. 그러니 화자는 단절의 슬픔도 떨쳐버리고 고기를 잡지 못한 빈 배의 불안감도 그냥 스쳐 지나며 다만 아픈 그대로 날아오를 것을 당부한다. 왜냐하면 당신은 하늘을 지배할 수 있고, 어둠의 심연 속 은밀한 제비집까지 꿰뚫고 지나갈 수 있는 능력을 지녔기 때문이다. '바닷속 은밀한 제비집'은 다분히 선적인 사유를 보여준다. 이러한 선적 사유는 효봉선사의 '바다 밑 제비집에 사슴이 알을 품고 / 타는 불속 거미집엔 고기가 차 달이네' 라는 오도송을 연상케 한다. 매사에 '그러려니!' 하고 집착을 버리고 스쳐지나가는 바람처럼 여기며 지금여기에서 '첫 마음'을 잃지 말고 꿈을 향해 비상하라는 스님의 사자후가 우리의 마음을 건드린다.

4. 렌즈를 통해 마음을 밝히는 순례자의 길

스님은 결정적 장면을 직관적으로 찍는다. 깊고 깊은 알아차림을 가지고 존재 사물을 포착해 낸다. 그냥 물상을 찍는 것이 아니라 영혼을 투영하는 집중적인 촬영이다. 이러한 스님에게 또 하나의 중요한 시적 이미지는 '달빛'이다. 선가에서 '달'은

깨달음을 상징한다. 그래서 '달빛'은 렌즈를 통해 만나는 스님의 깨달음의 혼을 표상한다. 이것은 여행에서 돌아와 아파트에 불이 켜지고 거친 바다의 숨결이 멈춘 바로 그 정적의 순간, 호흡을 멈추고 창틀에 기대어 미소 짓는 달빛을 결정적으로 찍는데서 잘 드러난다. 그런데 스님은 허공에서 천강을 비추는 자유로운 존재인 달을 사각 형틀에 가둔 것을 못내 아쉽게 생각하기도 한다(「결정적 장면」).

한편, 스님이 대하는 사물은 항상 움직인다. 허공에 떨어지는 낙엽도 생각을 멈춘 적이 없다고 한다. 그러나 스님은 정지되어 있는 물상을 애써 찍고자 한다. 가령, 꽃잎에 앉은 나비의 날개 짓, 빠른 속도로 허공에 걸려있는 쏟아지는 빗방울을 포착하고자 한다. 그런데 잡았다고 하는 순간도 손가락 사이로 빠져나가는 빛의 마야일 뿐임을 안타깝게 여긴다. 따라서 외눈박이 단독자로서 우뚝 멈추어 서서 스스로 웅덩이에 가두어둔 의식의 모든 영상 파일을 지우면서 끝내 시린 눈을 감을 뿐이다(「빛의 마야」). 또한, 스님은 가을 날 숲길을 거닐다 나뭇가지 끝에 앉아 깊은 선정에 든 듯한 잠자리를 찍기 위해 거미줄에 걸리지 않을 침묵으로 호흡을 정지하고 조리개를 통해 순간을 포착하기도 한다. 이렇듯 가벼운 날개짓도 없이 청명한 하늘로 문득 날아오르는 잠자리를 디지털 화면을 통해 다시 보는 (「잠자리」) 사진의 영상은 참으로 맑고 가벼운 마음을 전달한다.

어쩌면 스님에게 사진 찍기는 선수행의 중요한 덕목 중의 하나로 생각된다. 특히 폭설 속의 다양한 정경과 사유를 온갖 추운 고통을 감내하며 카메라 렌즈를 통해 직관적으로 담아내기 때문이다. 자다 일어나 골목길 가로등에 눈발이 날리는 것을 보고, 소리 없이 문득 찾아오는 눈, 어둠 속에 홀로 빛나는 눈 소식을 누구에게 전할까 고민하는 스님이다. 그래서 운명적으로 외눈박이 관찰자가 되어 호흡을 멈추고 셔터를 누르고 들여다본다.

> 본다. 느낀다./초점을 맞춘다. 셔터를 다시 누른다. 들여다본다./
> 고개를 흔든다. 쳐다본다./하늘을 째려본다.
> 너는 무엇을 보았는가?
> 저녁 햇살의 들오리 떼가/자맥질하다 무의식의 강물 속에서/문득 날아오른다.
> 눈발의 물결을 내뿜으며/순간순간 생멸하는 날개 짓을 따라/
> 느낌의 라인라이트를 따라/온 몸의 경계선을 흘러내리면서/
> 넌 운명적으로 외눈박이 관찰자가 된다.
> 호흡으로 돌아온다./숨을 멈추고 다시 셔터를 누른다./들여다본다.
> 아, 순수한 현존이여./필연적 우연이여./그곳 어디에도 너는 없다.
> ('사진 찍기' 중에서)

보고 느끼고 숨을 멈추며 초점을 맞추고 셔터를 누른 뒤 카메라 화면을 들여다본다. 이러한 일련의 행위에 이어서 '무엇을 보았는가'라는 물음을 던진다. 이는 다분히 화두를 들고 선정에 드는 것과 다르지 않다. 본 것은 저녁 햇살을 받으며 들오리 떼가 자맥질하다 무의식적으로 비상하는 모습이다. 생멸하는 날개짓으로 비상하는 사물을 직관적인 감각으로 순간적으로 포착하는 외눈박이 관찰자가 된다는 대목은 사진 찍기를 통해 끊임없는 자아 찾기 수행의 길을 가는 스님의 모습을 그대로 보여준다.

스님의 이러한 지난한 수행의 길은 한겨울 폭설이 내린 대관령으로 출사를 나가는 모습에도 확연히 드러난다. 포근한 날씨, 바람하나 일지 않는 고요한 순간, 태양은 숨어버리고 새도 날지 않는 일체가 정지되어 있는 상황이다. 스님은 그 적요의 순간 아름다운 정경을 카메라 눈을 통해 담아낸다. 설원은 언덕의 렌즈를 통해서 문득 전경이 되고, 어린 시절 잃어버린 기억은 코끝에서 현재가 된다. 숨을 깊게 마시고 셔터를 누르자 '찰칵'하는 소리가 적막을 깨뜨린다. 눈 속을 걷고 또 걸어서 바람에 미끄러지고 갑자기 눈 속에 푹 빠지면서 놓칠 수 없는 한 순간을 포착하기 위해 힘든 출사의 여정을 끊임없이 걷는다. 외로이 홀로 당당하게 걸어가는 스님의 모습은 『숫타니파타』의 '소리에 놀라지 않는 사자처럼, 그물에 걸리지 않는 바람처럼, 진흙에 물들지 않는 연꽃처럼, 무소의 뿔처럼 혼자 가라'는 수행자의 지침을 크게 벗어나지 않는다.

눈 속을 걷고 /또 걸어서 바람에 미끄러지고/갑자기 푹 빠지고
알고 있다구./이 순간을 놓치면, /너를 다시 만날 수 없다는 것을/
부서지고 흩날리면서도/균형을 잡아야 한다는 것.
숲을 뒤흔들며/고성을 질러대는 너의 하얀 날개/눈사태 속에서/
새로운 영감이 날아오르고/셔터를 누르면, 찰깍 /다시 일어나 가야한다는 것.
그래, 푸른 창공에서 /마디마디 햇살이 무너져 내리고/
손발은 굳어지지만 아름답지 않는가.
오, 판단을 멈추어라. /그냥 지금 그대로.
('포토 아이'중에서)

극적인 순간을 놓치면, 다시 만날 수 없기에 몸이 부서지고 흩날리면서도 균형을 잡아야 한다. 휘몰아치는 바람에 숲이 흔들리고 눈사태가 나지만 오히려 화자는 새로운 영감을 얻고 셔터를 '찰깍' 누른다. 그리고는 다시 일어나 가야한다. 그 순간 파란 하늘에서 햇살이 쏟아지고 있다. 혹독한 추위에 손발이 굳어지지만 이는 아름다운 고행의 흔적이다. 여기에는 분별심을 버리고 지금 있는 그대로 존재하고 사유하

라는 스님의 가르침이 내재하고 있다. 출사를 위한 준비와 설경을 절묘하게 담아내는 스님의 모습이 선연히 그려진다. 그야말로 포토 아이를 진솔하게 담아낸 한 폭의 동양화를 생각게 하는 맑은 명상시의 백미이다.

설경 속으로 들어가 무한한 깊이의 물상을 찍는 스님은 소멸되는 것들, 혹은 잊혀간 것들을 기억 속에서 불러냄으로써 그것들에게 또 다른 삶을 부여한다. 자연의 렌즈로 사물을 바라보고, 그 소리를 듣는 스님은 어떤 하찮은 존재도 그냥 지나치는 법이 없다. 아무 것도 걸치지 않고 순백의 눈을 덮고 쓰고 있는 은빛나무에서 장식도 없이 허공과 하나가 된 모습을 포착하는 것은 그 전형적 예이다.

> 아무 것도 없는 네가 좋다./장식도 없이 허공과 하나가 된/너를 닮고 싶다.
> 여행자들/수많은 순례자들이 밟고 지나갔을/길목을 지키는 은빛나무여.
> 비틀거리는 능선을 따라/가던 길이 끊어지고/이어져온 생각들이 문득 끊어지고,/
> 산줄기 줄기마다 세찬 바람이 불어오면,
> 너의 성스런 침묵이 보인다./홀로 선/느리고 깊은 너의 숨결이.
> 언제든/길은 가야만 길이다./그만 일어나자.
> 저기 움막까지 만이라도/언덕의 눈발을 따라/햇살이 보이는 그곳까지.
> ('은빛나무' 중에서)

숲에 있는 한 그루 나무는 숲의 부분이거나 종속적 존재가 아니라 그 자체로 진리며 실체인 완전한 개체이다. 자신이 가진 모든 것을 완전히 털어버린 겨울나무들, 그 나목(裸木)을 덮은 설경이 은빛나무로 그려지고 있다. 화자는 수많은 여행객이나 순례자들이 지나는 길목을 지키는 나목의 설경에서 정결한 무욕을 읽어낸다. 이는 스님의 무소유의 소박한 성정과도 닮아 있다. 순백의 눈으로 길이 끊어지고, 생각들마저 문득 끊어지고, 산 능선을 타고 세찬 바람이 불어오는 순간, 홀로 선 은빛나무의 깊은 숨결과 성스런 침묵을 인식한 화자는 길은 가야만 할 때 진정한 길의 의미가 있음을 깨닫는다. 그래서 엄청나게 쌓인 언덕의 눈속을 헤치며 햇살이 보이는 움막집까지 가고자 한다. '햇살이 보이는 움막집'은 곧 스님이 애써 찾고자 하는 깨달음의 고향이기도 하다.

5. 수행자의 덕목, 홀로 걸어가야 하는 길

출가하는 순간, 수행자의 이승으로서의 공간, 고향은 없어진다. 오직 불타오르는 삼계화택(三界火宅)을 벗어나 더 이상 괴로움 없는 저쪽으로 가고 싶을 따름이다. 그래서 넘쳐나는 생각을 떨쳐 버리고 홀로 새로운 출발을 하고자 하는 것은 수행자에게 더 없이 중요한 덕목이다. 흔히 고향은 지치고 힘든 자의 심신을 편히 쉬게 하는 아늑한 품안이자 생명의 동력으로 작용하기도 한다. 그런데 인경 스님에게 있어 고향은 '지금여기' 깨달음의 본래자리로 인식되는 경향을 보인다. 아마도 고향에 대한 애착과 그곳으로 향하는 마음은 자신도 모르게 베어든 환경의 원초적 경험 때문일 것이다.

하늘과 땅 아래/혼자서/걸어가야 하는 길이 있다.
너가 걷고/나도 걷는,
섬과 섬을 지나/길에서 길로 연결된/들판을 지나면,
굴뚝에서/연기가 피어오르는/텅 빈 마을
아직도 그리운/길이 있다.
('귀향'중에서)

화자에게 고향의 길은 너도 걷고 나도 걷는 평범한 길이다. 섬과 섬을 지나고 길에서 길로 연결된 고향 마을을 회상한다. 비록 가난하지만 심성이 착하고 고운 고향마을 사람들과 정경을 마음속에 아련한 향수로 떠올린다. 그런데 화자는 오늘날의 고향을 '굴뚝에서 연기가 피어오르는 텅 빈 마을'이라는 한적하고 쓸쓸하며 그리운 이미지로 표현하고 있다. 번다하게 살아가는 일상으로는 좀체 포착하지 못했던 사유의 인상들을 스님은 쉽고 정갈한 언어로 '명상의 터'를 마련하여 준다. 이처럼 스님은 자연물에 대한 관조를 통해 얻은 깨달음의 세계를 간결하고 명징한 언어로 포착하여 그의 시적 세계를 구축한다. 스님은 길 위에서 나를 찾고, 나를 비우며 걷는다. 특히 스님에게 강변 숲길은 사색의 길이며, 또한 치유와 명상의 공간이다. 스님이 혼자 걸으며 사유의 시간을 갖는 것도 이런 연유이다.

이따끔씩 /껍질을 벗고 싶다./논리적 껍질을 벗겨내면,/
그 속에서 잠들었던 안개가 기어 나온다./
어디에도 속하지 않는 무채색 느낌 그 자체로/깊은 강물에 빠진 나무들./
홀로 선 경이로움으로 걸어가는 /침묵의 전율./무슨 말을 말하기 그전부터/
이미 손끝에서 느껴지는 날개 짓./
오늘 나는 안개 숲을 걸었다./많은 사람들 속에서 혼자가 되었다.
('산책'중에서)

자연을 관조하는 일이 곧 자신을 들여다보는 명상이라 할 때, 사람들은 숲을 찾아 '외부의 풍경'뿐만 아니라 '내 안의 풍경'을 함께 성찰함으로써 번다하고 탐욕스러운 마음을 잠시나마 내려놓고 단순함과 비움의 의미를 깨닫고자 한다. 스님 역시 논리적 껍질을 벗겨내면, 그 속에서 잠들었던 안개가 기어 나온다고 말한다. 어디에도 속하지 않는 무채색 느낌 그 자체로 깊은 강물에 투영된 나무들의 모습에서 홀로 선 경이로움으로 걸어가는 침묵의 전율을 느낀다. 무슨 말을 하기 전에 손끝에서 감각으로 느낀다. 무엇보다도 느낌은 전체적이고 유기적임을 다시 일깨워준다. 안개 숲을 걸었지만 많은 대중 속에 혼자임을 느끼는 스님이다. 어쩌면 군중 속의 고독을 느끼며 외롭게 홀로 걸어가는 것이 수행자의 본분인지도 모른다. 이처럼 '안개 숲' 산책과 명상은 고요와 비움을 통한 내면 성찰을 제공하는 중요한 기능을 갖는다.

망념이 배제된 순수한 마음은 무심의 경지이기에, 허상을 배제하고 사물을 있는 그대로 보고 대하게 된다. 이러한 시각에서 인경스님은 존재하지 않는 스스로 세운 모든 교만과 권리를 포기하고, 온 적이 없으니 돌아갈 곳도 없고, 간적이 없으니 되돌아올 곳도 없기 때문에 혼자 있으며 사유할 것을 설파한다.

> 포기하라./존재하지도 않는/스스로 세운 모든 권리를./
> 온 적이 없으니/돌아갈 곳도 없다. /간적이 없으니/되돌아올 곳도 없다.
> 혼자 있어라./어두워질수록/가슴의 별빛이 더욱 빛난다.
> ('새싹'중에서)

일체를 내려놓고 혼자 있을 때 무심해지고 가슴의 별빛이 한결 빛난다고 말하는 화자이다. 고독하게 홀로 치열하게 '나의 존재'를 사유하고 끝내 알아차림을 얻으라는 메시지이다. 마지막의 '어두워질수록 가슴의 별빛이 더욱 빛난다.'라는 것은 무명을 타파하기 위해 외로이 혼자 참구하고 있을 때 한결 성성적적해지고 또렷한 알아차림의 기운이 새싹처럼 돋아난다는 의미를 함축하고 있다. 스님의 혼자 있음으로 맑아지는 명상의 시혼은 다음의 시에서 한결 명징하게 묘출된다.

> 가지마다 얼어붙은 눈꽃이 /새가 되어 날아오르지 않아도/
> 일시에 세상을 바꾸어놓은 폭설이 내리지 않아도 좋다./
> 잠수한 물새들이 떠올라올 때까지/깊은 내면에 잠들었던/
> 닮은 영상이 깨어날 때까지.
> 호수의 깊은 계곡에서 울부짖는 /겨울 산소리 /흔들리는 잔물결들,/귀 기울여 보라.
> 세파에 시달린 /조약돌의 둥그런 가슴에서 /속삭이는 태초의 햇살들.
> 무엇보다도 /너의 맑은 본성을.
> ('실존'중에서)

불교에서의 정관(正觀)은 어리석음을 여의고 실상을 보는 것을 말한다. 화자는 잠수한 물새와 내면에 잠들었던 영상이 깨어날 때까지, 깊은 계곡의 겨울 산소리, 흔들리는 잔물결들에 귀 기울일 것을 강조한다. 아울러 세파에 시달린 조약돌의 둥근 가슴에서 속삭이는 태초의 햇살들을 관조할 것을 당부한다. 하지만 스님은 무엇보다도 맑은 본성을 보듬을 것을 강조한다. 그렇게 할 때 실존의 의미가 보다 선명하게 드러나기 때문이다. 모든 것을 내려놓고 바닥까지 비움으로써 우주를 끌어안는 선의 진리가 여기에 드러난다 할 수 있다.

6. 원융의 세계, 불이선不二禪을 말하다

우리는 모두 보고 듣는 데 미혹해 있다. 보이는 것만 보고, 들리는 것만 듣는다. 더 이상의 것은 볼 줄도 모르고 들을 줄도 모른다. 하여 깨달음을 얻기 위한 끝없는 수행의 길을 가는 인경스님은 별처럼 성성한 심안으로 지금여기 일주문에 도달하여 '마음 밖'에 따로 전해지는 가르침은 없다는 것을 절실히 깨닫는다.

반싹이는 별처럼 /강물은 흐르고 흘러
지금 여기 /일주문에 이르렀으니,
따로 전해지는 다른 가르침은 없다./오라. 이곳으로.
눈 감으면 /코끝으로 눈발이 흩날리고/풍경소리가 들린다.
('일주문' 중에서)

부처는 자기의 성품이 지은 것이니(佛是自性作), 몸 밖에서 구하지 말라(莫向身外求)고 했다. 자기 성품을 깨달으면 중생이 곧 부처이기 때문이다. 말(언어)을 좇아 본래 지닌 성품을 구하는 일은 불구덩이를 파헤쳐 물거품을 찾는 일과 같다는 스님의 일갈이 맑은 공명으로 다가 온다. 일주문에 서서 잠시 눈감고 명상에 잠기는 스님의 코끝에 눈발이 흩날리고 맑고 청아한 풍경소리가 들린다. 여기에는 벽안의 귀 밝은 스님의 물외한인(物外閑人)의 선적 서정이 그대로 담겨 있다. 일주문은 승과 속의 경계가 해체되고 있는 공간이다. 너와 나가 둘이 아니라(不二) 하나인 원융의 세계이다. 이와 같이 경계를 허무는 스님의 원융의 사유는 다음의 시에서 뚜렷이 드러나고 있다.

빗소리에/새벽 문을 열자,
잔잔한 물결 위로/걸어가는/바이올린의 스타카토.
일어나 그 앞에,/허리를 펴고 앉는다.
산등 너머로/안개가 피어오른다.
('좌선' 중에서)

우매한 우리는 허상에다 초점을 맞춰두고 그것을 향해 질주한다. 마치 집안에 있는 봄을 모르고 멀리 찾아 헤매듯이, 부처라는 봄도, 열반이라는 봄도 '지금여기'에 있음을 모르고 다른 곳을 찾아 하염없이 헤맨다. 하지만 스님은 산사 연못의 잔잔한 수면위에 떨어지는 빗방울 소리를 들으며 만법의 실상을 깨닫는다. 깨닫고 보면 법의 실체는 어디에나 있는 것이다. 빗방울 소리, 잔잔한 물결, 산 능선 너머로 피어오르는 안개, 이 모두가 가 법신이고, 또한 부처의 무정설법이다.

선가에서 차를 마시며 선 수행을 하는 것을 '다담선'(茶湛禪)이라 한다. 다담선의 수행 화두는 '명선'(茗禪)으로 이어져왔다. '명선'이란 차를 마시며 선을 수행함에 있어 차나무에서 새순이 나오는 것처럼 선의 싹이 나온다는 뜻이다. 인경스님 역시 차를 마심으로 집중과 통찰을 높이고 마음을 비우고 자신을 관조하며 깨달음에 다가선다.

문득/대종소리가 들린다.
매화 향기가 /가득한 방 안 /누구도 말하지 않는다.
창밖/한 줄기 햇살 아래/높은 나뭇가지
까치는 /다시 둥지를 튼다.
('차담'중에서)

차 안에 부처님의 진리(法)와 명상(禪)의 기쁨이 다 녹아 있다. 선사들이 추구하는 마음자리의 상태가 맑고 차가움이라 할 때, 차를 마시며 선정에 드는 것은 모든 생각이 끊어진 상태로서 분별을 초월한 무분별의 세계이고, 번뇌 망상의 열기가 없는 경지이다. 인용 시는 이러한 고요한 선정의 마음상태를 잘 담아내고 있다. 산사의 대종소리가 은은히 울려 퍼지는 순간, 화자는 매화 향기가 그윽한 방 안에서 차를 마시며 선정에 든다. 창밖에는 따스한 햇살이 내리고 높은 나뭇가지에 까치는 다시 둥지를 트는 한적한 분위기이다. 스님에게 있어 차와 선은 둘이 아니고, 명상시와 포토도 둘이 아니었다. 이러한 행위들이 곧 불이선(不二禪)이었다. 대종소리, 매화 향기, 한줄기 햇살, 까치 등의 이미지는 혼탁한 오감을 맑혀주는 청량한 이미지로 작용한다. 스님의 이와 같이 번다한 생각을 내려놓고 성찰의 순간을 갖게 하는 명상의 시세계는 눈 내리는 맑고 아름다운 서정을 묘사한 「삼매」에서 보다 극명하게 표현되고 있다.

눈 내리면,/난 잠이 든다./아주 깊게 포근하게.
숨소리를 듣는다./아랫배가 조용히 움직이면서/넌 여전히 깨어있다.
눈 덮인 계곡,/새소리가 보인다.
('삼매'중에서)

눈 내리는 산사의 선방에서 선정에 드는 화자이다. 숨소리를 듣고, 아랫배로 깊은 호흡을 하면서 여전히 성성적적하게 깨어있어 눈 덮인 계곡에서 새소리를 본다고 한다. 새소리를 듣는 것이 아니라 '새소리를 본다'는 것은 실로 깨침의 한 소식을 말해준다. 깊이는 외연을 지향하지 않기 때문에 눈부신 설경 안에서 내면의 깊이를 들여다보는 명상의 자세는 우리를 저절로 삼매에 들게 한다. 외부의 어떠한 움직임에도 흔들림 없는 청정한 마음을 가지는 것, 이것이 바로 곧 수행자의 덕목이요, 집착 없는 경계이다. 이처럼 스님이 담담하고 고요하게 자신을 우주와의 합일 속에 맡기는 것은 나와 우주, 우주와 나 사이의 틈이 없는 원융을 획득하는 것이다.

시인들은 시로써 자화상을 소묘하고 형상화한다. 때로는 외면적인 초상일 수도 있으나, 그 초상 속에는 내면적인 움직임마저도 담겨 있다. 유동적인 삶의 순간을 포착할 때도 있고, 전 생애를 걸어온 이의 초상일 때도 있다. 남이 그려주지 않고 자신이 익숙하게 자신의 실체를 그린다는 점에서 다음의 시 「자화상」은 인경스님의 정확한 실상을 엿볼 수 있게 한다.

알아요. /눈이 내리면,/당신은 창문을 열고 숲으로 간다는 것을.
회색 옷을 겹으로 입고/털모자를 뒤집어쓰고/
눈발 속으로 들어가 종적을 감추어버린다는 것을.
한 마리 짐승처럼/어둠속에서 번개가 번쩍이면,/감전된 숲은/
어깨를 들썩이며 거칠게 울부짖고
그때마다 /온 샛길마다,/당신의 발자국을 남긴다는 것을.
물론 알아요. /눈이 날리면,/문명의 병속에 갇혀있던 오랫동안 잊고 있던,
야성이 깨어 일어나/날아오르는 눈발이 되어서/
온 산천을 헤매다/지쳐서야 돌아온다는 것을.
('자화상'중에서)

눈이 내리면, 자신도 모르게 편리한 문명생활에 젖어들어 오랫동안 잊고 있던, 야성이 깨어 일어나 출사에 나선다는 화자이다. 명상은 자연의 아름다움의 또 다른 차원이라 한다. 그래서 눈이 내리면, 야성을 억제하지 못하고 카메라를 메고 스님은 혹한의 설원으로 간다. 회색 옷을 겹으로 입고 털모자를 뒤집어쓰고 눈발 속으로 들어가 사정없이 설경을 찍어댄다. 마치 한 마리 짐승처럼 이리저리 배경을 잡아 초점을 맞추며 셔터를 눌러대는 것이다. 플래시가 터지자 '번개가 번쩍'이고, 감전된 숲이 어깨를 들썩이며 거칠게 울부짖는 것으로 표현한 대목은 한결 시청각적이다. 마음에 드는 설경을 찍느라 그때마다 이리저리 옮겨 다니며 설림(雪林)에 숱한 발자국을 남기고 지쳐서야 돌아온다는 화자이다. 실로 스님의 사진 찍기와 선은 하나임을 선연히 담아낸 압권의 시이다.

7. 장독대와 내면아이 치유하기

느낌은 전체적이어서 몸과 마음, 그리고 영혼이 함께 작용한다. 그런데 느낌은 비밀스러운 것이어서 언어로 표현할 수 없고 가르칠 수도 없다. 이 점에서 불교명상과 심리학을 절묘하게 융합한 명상심리치료 전문가로서 인경 스님의 시적 세계의 키워드는 '알아차림'을 통한 심신치유이다. 스님은 오늘날 많은 사람들이 지금여기 상처입고 아프고 있다는 것을 인식하고 있다. 그래서 숲길의 햇살을 따라 통증에 집중해보고, 엄마로부터 분리되는 불안을 적극적으로 느껴보기를 권한다. 아울러 그 아픔 자체를 피하지 말고 충분하게 받아들이며, 또한 손님처럼 찾아오는 슬픈 화를 온전하게 느낄 것을 충고한다.

> 알고 있어요./지금 당신이 아프다는 것을./어깨가 시리고/
> 얼어붙는 강물 속에서/절망감을 느끼고 있다는 것을.
> 일어나 걸어보아요./숲길의 햇살을 따라 걸으면서/통증에 집중해보아요.
> 떠나간 엄마로부터 분리되는/오랜 불안, 그 불안을 적극적으로 느껴보아요./
> 세상의 기준이 아니라,/그렇게 떠날 수밖에 없는 엄마의 가슴 안으로/
> 걸어 들어가 보아요.//당신은 그 아픔 자체를/피하지 않고/
> 충분하게 받아들이고 있다는 것을./물론 알아요.
> 손님처럼 찾아오는/슬픈 화를 온전하게 느낄 자유가/당신에게는 있다는 것을.
> ('문안'중에서)

멈추지 않고 끊임없이 안으로만 흐르는 호흡의 강물에 집중하면서 부서진 얼음 사이로 스치는 시린 바람을 지켜보는 명상의 시상으로 전개되고 있다. 한편, 스님은 가족 구성원 사이에 발생한 갈등의 원인을 찾아 치유하고 상처가 자녀에게 대물림되지 않도록 함으로써 건강하고 행복한 가족관계를 이루도록 돕는 내면 치유 상담에 지대한 관심을 갖는다. 때문에 스님은 내면에 있는 상처를 치유하는 방법만을 단순히 소개하는 것에 그치지 않고 스님 자신이 살아온 이야기와 자신이 갖고 있던 아픔들을 진솔하게 고백하고 나눔으로써 내면아이를 만나 보듬고 치유를 하고자 한다. 그 대표적인 시가 삶의 중요한 순간에 항상 떠올리는 「골목길」이다.

> 버스에서 내렸다./저기에 엄마가 서 있다./먼 허공을 바라보는/
> 엄마는 외롭고, 한없이 공허해 보인다.
> 엄마, 나 많이 아파./아랫배가 쓰리고,/내내 토해냈어./엄마, 나 많이 아프다구.
> 말을 하고 싶지만,/무엇인가 굳어진 엄마의 표정으로 인하여/
> 차마 말하지 못한 채로 아픈 배를 가슴의 쇄골에 묻고,/난 엄마의 뒤를 따른다./

막막한 고개 떨군 채로.
아장아장 비둘기가 걸어가는/눈이 날리는 골목이다./
어차피 엄마는 내게 올 수가 없어./
힘들 때마다/지금도 떠오르곤 하는 장면이다.
('골목길'중에서)

버스에서 내리니 저기에 엄마가 서 있다. 화자에게 멀리 허공을 쳐다보는 엄마는 외롭고, 한없이 공허해 보였다. "엄마, 나 많이 아파. 아랫배가 쓰리고, 내내 토해냈어."라고 말을 하고 싶지만, 엄마의 굳은 표정으로 인하여 차마 말하지 못하였다. 아픈 배를 쓸어안으며 고개를 떨구며 엄마의 뒤를 따랐다. 비둘기가 아장아장 걸어가는 눈발이 날리는 골목길을 힘들게 걸어갔던 화자는 어차피 엄마는 내게 올 수 없다는 것을 느꼈다. 지금도 힘들 때마다 떠오르곤 하는 이 장면은 홀로 아픔을 참고 견디며 걸어야가는 우리 모두의 골목길임을 깨닫게 한다.

내면 아이 치유는 스님이 시도하는 명상심리 치유방법의 좋은 예라 할 수 있다. 아주 어린 시절, 불과 두 살 때의 일인 것 같다. 분위기가 뒤숭숭하고 주변이 웅성거리면서 낡고, 붉은 색 커든이 눈앞에 철벽처럼 내려졌다. 어린 아이는 커튼 뒤에 고통스럽게 앓고 누워 있는 엄마가 무척이나 보고 싶어 엄마에게 다가가려 했다. 하지만 누군가 뒤에서 완강하게 제지하며 팔을 잡아당기는 바람에 더 이상 앞으로 나아가지 못한 채 울음을 터트렸다. 남동생이 태어났고, 불쌍한 엄마에게 나란 아무런 존재도 아니었다. 늘 남동생만을 챙기는 엄마로 생각했기 때문이다. 이런 생각을 하면, 지금도 어깨와 등이 아파온다. 하지만 오늘 내 안의 어린 나를 다시 만나면서 새로 태어난 기분을 스님은 이렇게 담아내고 있다.

그러나 다행스럽게 /오늘 나는 새로 태어난 기분이다./
내 안의 어린 나를 다시 만나면서
그때의 작은 아이로 정말로 다시 돌아갔다./
어린 나를 엄마가 무릎위에 안아주었다./아픈 어깨를 따뜻하게 어루만져주었다./
그리고 귀에다 속삭여주었다.
엄마는 널 버린 것이 아니야./지금 동생이 태어나고 있어./
그래, 너가 태어날 때도 그랬어.
놀랍게도 불안감이 사라지고/마음이 편해졌다./엄마를 지켜보면서/
그 옷자락을 꼭 쥐고 있는 안심이 생겨났다./너무나도 편안해지면서/
가슴으로 그 어린 아이를 꼭 껴안아 주었다./그리고 나는 말했다.
괜찮아. 넌 버린 받는 게 아니야./엄마는/-단지 아이를 낳고 있을 뿐이야.
온 몸이 따뜻해졌다./바다의 햇살이 반짝거리면서,/빈지나가는 듯이.
('동생이 태어나던 날'중에서)

슬픔과 아픔을 간직한 그 일은 최초의 기억으로, 동생이 태어나던 날 있었다. 화자는 그때의 작은 아이로 다시 돌아갔다. 엄마가 어린 나를 무릎위에 안아주고, 아픈 어깨를 따뜻하게 어루만져주었다. 그리고 귀에다 '엄마는 널 버린 것이 아니야. 지금 동생이 태어나고 있어. 그래, 너가 태어날 때도 그랬어.'라고 속삭여주며 꼭 껴안아주자 놀랍게도 불안감이 사라지고 마음이 편해지고, 바다의 햇살이 반짝거리면서 번져나가는 듯이 얼었던 온 몸이 따뜻해졌다는 것이다. 어린 시절 슬픔과 상처를 간직한 내면 아이는 오늘 내 안의 어린 나를 다시 만남으로 치유되고 있음을 보여주고 있다.

수행자에게 있어 중요한 세 가지 덕목은 훌륭한 스승을 만나고, 좋은 도량과 좋은 도반을 만나는 것이다. 그래서 훌륭한 스승을 모신다는 것은 더 없이 중요한 일이다. 인경스님 역시 훌륭한 스승을 모시고 가르침을 받은 존경의 표시를 스승을 기리는 여러 편의 시에서 잘 담아내고 있다. 스님은 자신의 삶을 지탱해 주는 맑은, 그리고 때로는 고독하고 슬픈 마음결을 심리적 상징을 통해서 응축된 이미지를 변주해 낸다.

> 스승이시여
> 오늘은 당신이 그립습니다./제 삶을 지탱해주고 이끌어주신 당신이./
> 이 세상에 와서 /최고의 행운은 바로 당신을 만난 것입니다.
> 뚝뚝 /꽃잎이 다 떨어지고/그 자국마다, /새롭게 새롭게 잎들이 돋아나는/
> 그 무덥고 햇살이 땡땡 내리비치던 날,
> '진리는 변함이 없어./너에게나 나에게나./서로 다르지 않아.'
> 억겁의 세월을 지나 여기까지 /이어져온 당신의 가르침이 지금도 생생합니다.
> 꽃보다 붉은 /앞산의 낙엽이 /허공에서 무너져 내리고 /
> 아득한 숲길에 눈이 설설 날리던 날 //당신은 /
> 그렇게 침묵의 불길 속으로 돌아가시었습니다./뜰 앞에 우뚝 선 /
> 지금여기의 짙푸른 나무가 되어서 /미소 지으며.
> 순간순간/늘 당신을 다시 새롭게 만나지만,/오, 스승이시여./
> 그래도 오늘은 당신이 그립습니다.
> ('스승이시여'중에서)

수행자는 진리에 몸을 담그고 눈을 뜨고, 진정한 스승을 알아보고 진정으로 이름을 불러야 한다. 그러면 진리의 문은 열린다고 한다. 화자는 꽃잎이 다 떨어지고, 그 자국마다 새잎이 돋는 무덥고 햇살이 내리비치던 날, 스승으로부터 "진리는 변함이 없어. 너에게나 나에게나. 서로 다르지 않아."라는 가르침을 받았던 것 같다. 그런데 정신적인 지주인 스승이 눈발이 휘날리던 날 원적에 들었다. 그 스승을 그리워하는 심사를 지금여기 뜰 앞에 '푸른 나무'가 되어 미소를 지으며 우뚝 서 있는 모습으로 이미지화 한다. 물론 순간 순간 늘 다시 새롭게 스승을 만난다고 생각하는 화자이지만, 때로는 오늘같이 유독 외롭고 고달픈 수행의 순간에 스승을 가르침을 떠올리며 자신을 성찰하고 있다.

인경스님은 고향마을을 거닐다 마주친 할미꽃과 항아리를 보고 그간 잊고 지냈던 아련한 추억을 떠올린다. 어린 시절 장독대는 숨바꼭질의 표상이다. 그런데 어린 시절 장독대로 가는 할머니와 엄마를 보면서 제 키만큼 큰 항아리 속에 무엇이 들어 있을까 궁금해 했다. 스님은 어두운 대지를 뚫고 나온 할미꽃이 고개를 숙이던 햇살 가득한 봄날, 항아리 뚜껑을 들어 올리다 깨뜨린 사연을 아픈 추억으로 담아낸다.

> 코를 찌르는 냄새,/솔직하게 그곳은 더러웠다.
> 왜 하필 숯이야./하얗게 저린 성에가 낀/쓰고 짠 간장 사이로 마당의 빨간 고추랑/
> 처마 끝에 매달린 메주가/이곳에서 둥둥 떠 있지 않는가./깊게 숨을 들이마시자/
> 아침 밥상에서 자주 본/엄마의 치맛자락에서 맡았던/그 간장과 된장 냄새가 난다.
> 그날 저녁 벌을 받았다./항아리 뚜껑을 닫다가 깨뜨렸기 때문이다./
> 바쁘기만 한 오늘날/우리는 간장과 된장을 담그고 살지 않는다./
> 결국 그 내밀한 추억도 함께 소멸해 버렸다.
> ('장독대'중에서)

된장을 담은 큰 장독 항아리의 코를 찌르는 냄새는 너무나 역겨웠고 그 속은 무척 더러웠다. 장독 항아리에는 숯이 있고, 하얗게 저린 성에가 낀 쓰고 짠 간장 사이로 빨간 고추와 처마 끝에 매달린 메주가 둥둥 떠 있었다. 깊이 숨을 들이쉬자 아침 밥상에 자주 오른 간장과 된장 냄새가 났다. 그 냄새는 엄마의 치맛자락에서 맡았던 그것과 다르지 않았다. 그런데 그날 저녁 항아리 뚜껑을 닫다 깨뜨리고 말았다. 그 일로 벌을 받은 기억이 화자에게 아픔으로 남아 있다. 바쁘기만 한 오늘날 많은 사람들이 간장과 된장을 담그지 않고 살고 있다. 이 상황에서 화자는 자신의 그 내밀한 추억도 그것과 함께 소멸되었다고 말한다. 아련한 추억을 더듬으며 현실 세계로 돌아오는 화자의 시혼과 상상력에서 빚어지는 애틋한 서정성은 소멸을 통한 상처를 돌보기에 충분한 것으로 생각된다.

요컨대 인경스님의 포토 명상시집 『순례자의 은빛나무』는 스님의 구도와 깨달음을 향한 치열한 수행 삶의 과정과 성찰, 그리고 심신치유의 방법을 아름다운 사진과 명상시를 잘 융합하여 담아내고 있다. 올곧고 열린 사유의 수행 삶에서 배태되고 빚어진 맑고 단아한 명상적 사유의 시와 포토의 절묘한 융합은 한 줄기 청량한 솔바람같아 잃어버린 '참나'를 뒤돌아보게 할뿐만 아니라 내려놓기와 비움으로 서정적 위로와 공감을 주기에 충분하다. 이 점에서 『순례자의 은빛나무』는 소통과 공감 없이 상처받고 외롭게 살아가는 사람들의 아픈 마음을 보듬고 달래주며 희망을 주는 영혼의 모음(母音)집으로 끊임없는 명상과 치유의 길로 안내하리라 믿는다.

편집자 쪽지

이 〈인경스님의 포토명상시〉에서 제공하는 정보는 매우 포괄적이면서도 고유한 시적인 표현입니다. 관련된 명상수행에 대한 상세한 지도나 상담을 원하시는 분은 아래로 문의하시길 바랍니다.

전화번호 | (02) 2236-5306
URL | https://band.us/@inkyung